藤井知子

アルツハイマー型認知症
発症から
亡くなるまでの1年間

# ごめんなさい、修さん。

藤井 修
Osamu Fujii
1946-2023
作曲　編曲
打楽器　吹奏楽指導
アイヌ音楽研究

イーハトーヴ書店

ごめんなさい、修さん。……目次

ごめんなさい、修さん。

# 序

夫、藤井修と結婚したのは、夫が還暦、六十歳の時だった。

夫は初婚だった。

周りからは、ずっと独り身でいるのだろうと思われていたようだった。

私は、夫より二十三歳半年下。

約二回り、親子ほどに年が離れていた。


夫は、私の音楽学校の先生だった人で、私の初恋の相手だった。

私は子供の頃から電子オルガンが大好きで、カワイ音楽教室で電子オルガン「ドリマトーン」を習っていた。

地元、岩手県盛岡市の高校を卒業後、当時、浜松の河合楽器本社の中にあった「カワイ音楽学園ドリマトーン専攻」に入学した。

そこで、「ラテンパーカッションアンサンブル」の授業があった。

授業の初日、担当講師であった夫が教室に入ってきた。

入ってくるなり、何とも不思議な感覚に襲われた。

「あ、この人、昔会ったことがある！　ここにいたんだ！」

みるみる目に涙が溢れた。

自分でも、何だか訳が分からなかった。

昔、と言っても、たかだか十九年しか生きていなかったが、それよりもっともっと何十年も昔に、この人に会っている！

そんなことはあり得ないのだが、懐かしさでいっぱいになった。

学園では、夫から「ラテンパーカッションアンサンブル」と「ドラム実技」の授業を受けた。

単なる直感によるものだけでなく、授業中垣間見えた夫の人間性にも惹かれた。

すっかり夫に魅了されてしまっていたが、相手は大人。

特に何も言い出せないまま、卒業後は地元盛岡に戻り外国人と知り合い結婚、海外に渡った。

しかし、当時は、現地の人々に第二次世界大戦での憎しみや偏見が根強く残っており、日本人ということで度々非難の攻撃に遭った。

また、当時、現地では薬物が横行していた。

前夫の親族も覚醒剤を常用し、深刻なトラブルを何度も繰り返していた。

これからの生活に明るい未来を見出せずにいた時、夫と十数年ぶりに再会。

結婚に至った。

夫と結婚して、気付いたことがあった。

まず、夫の記憶力の弱さ。

夫からは、「よくそんなことまで覚えていられるなあ。嫌なことなんかは、早く忘れた方が良いんだ。忘れるのも、才能のうち」などとよく言われたものだった。

自分でもすぐ忘れることを自覚していたのか、「こんなことまで?」と思うようなことまで、事細かく手帳に書き込んでいた。

もっとも、忘れっぽいところは結婚前からで、夫が私の誕生日を忘れていて、私が怒ったこともあった。

そんなこともあって、「記念日がたくさんあると覚えられないから、君の誕生日に結婚しよう」と言われ、私の誕生日に入籍した。


また、夫は「今まで、自分一人でしてきたから」と、結婚後も積極的に家事をしようとしていたが、洗濯機の使い方は、いくら説明しても分からなかった。

一人暮らしの時は、昔ながらの二層式の洗濯機を問題なく使っていたが、結婚後、全自動洗濯機を購入。水はどうしたら良いのか、洗剤はどこに入れれば良いのか、どのボタンを押せば良いのか、毎回教えるが、一向に覚えられない。

結婚して四〜五年経っても覚えられず、いい加減私も呆れて、「もういい。洗濯は私がやる」と、教えるのをやめた。


パソコンも、そうだった。

メールやワードの文字入力はできたが、どうやってメールやワードの画面を開くのか、そして、終わったらどうやってパソコンをシャットダウンするのか、毎回教えるが、何年経っても覚えられなかった。

また、地図も読めなかった。

ダジャレを言って、周りの人たちを笑わせるのが好きな愉快な一面もあった夫は、わざと「俺は、右と左、前と後ろしか分からないんだ」と開き直って、みんなを笑わせていた。

他にも、目の前にあるのに「○○がない！」と騒いだり、知り合いが目の前にいるのに気付かず素通りして、相手を困惑させることもしょっちゅうあった。

同じ物を何度も買ってくることもよくあった。

ホチキスの針は、もう一生買わなくても良いほど家にあった。


しかしながら、夫は音楽に関しては天才的だった。

岡山の田舎で育ち、特別に音楽教育は受けていなかったが、子供の頃から、楽譜を見たらどんな曲が書かれているのか分かったのだそうだ。

そうは聞かされても、どうにも不思議で、「最初に楽譜の読み方は、誰から教わったの？」と夫に聞いたことがあったが、当然というような顔で、「あんなの見たら、誰でも分かる」と言い放たれた時は、ただただ唖然とする以外になかった。


夫は小学生の頃、近所にあった天理教の鼓笛隊に興味を持ったのだそうだ。

「デイビー・クロケットの歌」を、鼓笛隊で演奏したらカッコ良いのではないかと思った夫は、「君は、縦笛でこれ吹いて。君は、太鼓でこれ叩いて」という具合に、要は「編曲」をして、全パートの楽譜を書き、みんなに配って演奏してもらった。

小学生で初めて編曲し、天理教鼓笛隊の
メンバーと一緒におぢばがえりで演奏した時
右の一番後ろに立っている男児が本人

すると、素晴らしい出来だと大人たちに褒められ、天理教の信者でもないのに、奈良県天理市で行われる「おぢばがえり」に特別に連れて行ってもらい、天理教笠岡大教会の鼓笛隊のメンバーと一緒に演奏しながら、天理の街をパレードしたこともあったのだそうだ。

耳も良かった。

専門的な話になるが、夫は世間でよく言われる絶対音感は持っていなかったが、生まれつきの「移動ド」だった。単音だけ聞いても、それが何の音かは分からないと言っていたが、メロディーになっているフレーズは、すぐ聞き取って易々と楽譜に書き込んでいたし、バックの伴奏の和音なども、聞いたらすぐに分かった。

高校卒業後、夫は遊園地「奈良ドリームランド」の音楽隊員として就職するが、ドリームランド音楽隊では、隊員を音楽家として育成するため、ソルフェージュの授業があったのだそうだ。

初めて受けた、ソルフェージュの授業での「聴音」。

「こんな簡単なこと、何でやるんだ？」と思ったそうだ。

他の隊員たちは、先生の弾くピアノのメロディーをなかなか楽譜に書き取れなくて、毎回苦戦していたそうだが、夫は最初からいつも一〇〇点で、何度目かの授業の時、先生に「藤井君は、もう来なくて良いよ」と言われたのだそうだ。

楽器演奏にも長けていた。

子供の頃からとにかく音楽が好きで、お金を払って楽器の

奈良ドリームランド音楽隊時代

レッスンを受けたことはなかったそうだが、ハーモニカ、アコーディオン、笛、ギター、ウクレレ、スチールギター…と、身近に触れる機会があった楽器は、夢中で弾いて楽しんでいたのだそうだ。

ここで少し話は脱線するが、夫が楽器のレッスンを受けたことがなかったのは、単に田舎で育ったから、ということだけではない。

経済的な問題があった。

夫は三歳の時、母親を病気で亡くしている。

それから一年後、子供の面倒を見てくれる人が必要ということで、父親が再婚、新しい母親が来てくれた。

その後、面倒見が良く多くの人から慕われていた父親が、頼み込まれてある人の保証人となり、借金を背負わされることになった。

家の中のあらゆる物が差し押さえとなり、赤札が貼られ、普通に暮らしていた生活が一変、貧しい生活を強いられたそうだ。

父親自身も、大きなストレスがあったのであろう、夫が十六歳の時、突然倒れて亡くなった。

経済的に苦しく、高校を辞めて働く覚悟をしたそうだが、いくつかのアルバイトの掛け持ちと奨学金とで、何とか卒業できたのだそうだ。

夫の上には姉と兄がおり、二人とも勉強はできたそうだが、経済的な理由から大学には進学できなかった。

夫も何度も音大受験を考えたようだったが、結局、学費捻出の見込みが立たず、音大へは行けなかった。

高校での夫は、吹奏楽部に入り、クラリネットを担当。

部長も務め、指揮もしていた。

その後就職した奈良ドリームランド音楽隊にも、クラリネット奏者として入隊したが、上司に「君は歯並びが悪いから、クラリネットは向いていない。ウチのティンパニーが耳が悪くて音程が取れないから、君、ティンパニーやらないか」と言われ、楽器がやれるのだったらそれだけで嬉しく、「はい、やります」と、即答。

当時のティンパニーにはペダルがなく、音程は耳に頼ってねじで調整するしかなかった。

また、よくある話だが、吹奏楽団などで初心者の団員に、「とりあえず、何か打楽器でもやっておけ」ということは往々にしてある。

どうもそういう感覚で、打楽器に回された感もあったようだった。

特別打楽器が好きな訳でもなく、実際打楽器は全くの素人だったそうだが、先輩から「どんな楽器でも、毎日六時間練習したら、二年でプロになれる」と言われ、実践したら、本当に二年後にはジャズバンドに抜擢、奈良ドリームランドは退職した。

その後、大阪ＰＬ吹奏楽団首席打楽器奏者を経て、ＰＬマーチングバンド連盟（ＰＬ・ＭＢＡ）の創設に関わり、百人編成の女子鼓笛隊を創立して指導した他、テレビ、スタジオ、コンサート等での芸能人のバックでの演奏、東宝映画の録音、ＮＨＫ大阪放送管弦楽団や宝塚管弦楽団等のオーケストラ、ダンスホール、学校公演等々で、クラシック、ポピュラー、どちらにも精通する打楽器奏者として活躍した。

ＰＬ吹奏楽団時代、飲み会の席で、お世話になっていた佛田光生氏から、「藤井、俺はお前のことが、どうにも分からん。クラシックもやるし、ジャズもやる。お前は一体、何をしたいのだ？　三十年後、ど

ドラマーとして活躍していた頃

うなっていたいのだ?」と聞かれたことがあったのだそうだ。

実際、三十年後のことなど考えたことはなかったそうだが、なぜかその時、「音楽を研究していたいです」と答えたのだそうだ。

「ほう、研究か。それなら、教育をやれ」といただいた助言が、人生に大きな影響を与えた、と夫はよく語っていた。

実際、後に指導者として、某音楽教室での教育システムやドラムグレート開発、テキスト執筆にも、積極的に関わるようになった。


「いずれ、音楽を研究する」と決め、音楽理論の基礎を身に付ける上で大切な「和声楽」を習おうと、作曲家の七ツ矢博資先生の門を叩いたのが、一九七九年、三十二歳の時。

今までより二十分早く起きることに決め、仕事に出かける前の二十分間、毎朝必ず和声課題をこなしたそうだ。夫は常々、「毎日少しずつで良いので、続けることが大事。特に、音楽は続けないと上手くはなれない。続けることができることこそが〝才能〟だ」と言っていたが、実際に実行していた。

一度にあまりにたくさんの和声課題をレッスンに持ってきて、それがどれもちゃんとできているので、「回答を写しているのでは?」と七ツ矢先生は疑ったのだろう、「今、ここで課題をやってみて」と言われたこともあったのだそうだ。

あれよあれよという間に、音楽之友社の「和声 理論と実習」I、II、フランス和声「シャラン」を終え、「作曲をしてみないか?」と七ツ矢先生から勧められ、作曲を始めた。

七ツ矢先生が作る作品は、いわゆる現代音楽だった。

七ツ矢先生は、「自分はメロディーは書けない。藤井さんはメロディーが書ける人だから、自分の真似をしなくて良い。メロディーのある曲を書いたら良い」と言われたそうだ。

以来、夫は出歩く際には、必ず小さな五線紙を持ち歩いていた。

俳句を作る人がメモ帳を持って散策し、思い浮かんだ言葉をメモに書き記すのと同じように、夫も外出時にメロディーが浮かんできたら、すぐ五線紙に書き残していた。

「常にメロディーが出てくるよう、訓練しておく必要がある」と、夫はよく言っていた。

夫が作曲をする時は、作品の題材を決めたら、その題材にまつわる文献を読み漁り、実際にその場所にも足を運んで感じ、メロディーが降りてきて、和声、編成楽器、楽曲の構成など、全てが出てくるまで、ひたすらに散歩を続けた。

実際、曲を作ると決めて、降りてくるまで待っている期間は、普段の生活をしていても、人の話を聞いているようで聞いていない、いわゆる「上の空」の状態だった。

全てが出てきたら、後はただひたすら、何日も何ヶ月もかかって、五線紙に向かって書き続けるだけ。

つまり、オーケストラや吹奏楽といった大掛かりな編成の曲であっても、一切楽器は使わず、全て頭の中で組み立てて楽譜を書いていたのだった。

歌の曲の場合は、まず詩を暗記して、何度も何度も心の中で朗読しているうち、メロディーや和声が出てくるのを待つのだそうだ。

七ツ矢先生の勧めで、夫が初めに作曲したのは、合唱曲だった。

「藤井さんはメロディーが書ける」と七ツ矢先生に太鼓判を押され、尊敬していたバッハのポリフォニーが生かせる合唱曲に、まずは手をつけた。

七ツ矢先生の門を叩いたその翌年、一九八〇年九月に完成した　混声合唱組曲「浅き春に寄せて」（作詩・立原道造）が、夫の初めての作品である。

長々と書き連ねたが、ここで夫の自慢話をしたいのではない。

私自身も幼い頃から音楽をやってきて、何人もの音楽の先生と出会ってきたが、これほどすごい人に会ったことがないのである。

まさに「天才」としか、言いようがなかった。

そのため、記憶力が弱くても、「人より何かが優れていると、人並み以下のところがあるものなのだろう。天才肌の人って、こんなもんなのかな？」という認識でしかなかったのだ。

その上、よくテレビでは、「楽器を弾くことが、一番の脳トレ」などと言われており、楽器を弾く人は認知症にはならない、と思い込んでいた節があった。

認知症予防のテレビ番組を観ても、「私はピアノやオルガン、あなたはドラム、死ぬまで両手両足を使って楽器を弾いていくつもりだし、認知症にはなることないよね。私たちには関係ないよね」と、全くもって他人事だった。

また、夫は「健康オタク」と呼んでも良いほど、健康には気を使っていた。

夫は四十代前半、不摂生な生活とストレスから、十二指腸潰瘍を患った。

以来、生活を根本から改善。

精神面も鍛えるべく、中村天風氏の教えを実践する「天風会」にも入っていたし、ホリスティック医療も普段の生活に積極的に取り入れていた。

基礎疾患は全くなかった。

人間ドックも毎年受けていた。

しかし、唯一「脳」の検査だけは、一度も受けたことがなかった。

## 異変

二〇二一年、コロナ禍になって二年目。

私はピアノや子供英語のレッスンの仕事を、夫はドラム等の楽器や和声学のレッスンの仕事を、大阪府茨木市の自宅でオンラインレッスンに切り替えていた。

辞める生徒も多かったが、それならそれで家でじっくり今しかできないことをしようと、私は以前から気になっていた夫のピアノ曲をレパートリーにすべくピアノの練習に本腰を入れ、夫は作曲や執筆などに取り組んでいた。

実際、夫への作曲や編曲の依頼は、コロナ禍でも時折入っていた。

健康には気を使っていたので、ステイホーム期間中であっても、朝起きると二人で一緒にヨガをし、ベランダで日光浴、マンションの階段を一階から最上階まで往復した後は散歩に出かけ、マンションの広場でランニングも毎日していた。

「声も出しておこう」と、日が暮れると、夫が作詩作曲した「夢の島　愛の街　ヴェネツィア」を私がピアノ伴奏し、二人で歌った。

更に夫は、「ステイホームの期間中に、ピアノももっと弾けるようになりたい」と、私が夕ご飯を作っている間は、夫がピアノで全調の音階をさらうのも日課になっていた。

この年の後半、夫が七十五歳の誕生日を迎え後期高齢者の仲間入りをした頃、ちょっとおかしなことが出てきた。

昼のニュース番組を観て、まるで初めて見聞きしたかのように、夫がびっくり仰天するということが度々起こった。

「朝のニュースでも、観たじゃない？」

私の言葉には全く反応せず、テレビにかじりついて「うわー！」と驚く夫。

確かに、驚くべきニュースだ。

でも、今朝も観たのにここまでびっくりなんて、と不可解に思った。

また、ある日、酔いつぶれて路上で寝ていた人の姿がテレビに映し出され、ふと、夫からよく聞かされていた話を思い出した。

夫が独身でまだお酒を飲んでいた頃、飲み会を終え帰宅すべく、真夏の夜中に茨木駅に降り立った。駅前の陸橋から万博道路を眺めると、キラキラ光る車のライトの風景が美しいのに見とれ、手すりに頬をつけたらひんやりと心地良く、そのまま陸橋の上で眠ってしまったのだそうだ。

翌朝、通勤で駅に向かう群衆の足音で目覚め、慌てて起きて家に帰った、という話を、自虐ネタのように面白おかしく話しては、笑いを取っていた。

もう何度も聞かされていたこの話を思い出し、「あなたも昔、こんな風に陸橋の上で寝ていたんだね〜」と言った。

いつもなら、笑って更に面白おかしく話を盛り上げているところだが、「何を言っているんだ！　俺は陸橋の上で寝たことなんかない！」と本気で怒り出した。

「何で急に怒るのよ！　それに、陸橋の上で寝た話は、もう何度もしていたじゃない？」

夫は穏やかな気性で、声を荒らげて怒ったことなど、今まで一度もなかった。


話のつじつまが合わない、イライラするほど何度も同じことを繰り返し聞いてくる、同じ話を何度もする、その上、人が変わってしまったかのように、過去の出来事を否定して怒るようになった夫。

「なんで最近、喧嘩を売るような態度ばかり取るの？」

問い正しても、全く反応がない。

反応のないことが、更に私をイライラさせる。

「なんで無視するの？　仲良く暮らしていきたいのに、一体どういうつもりなの？」

年越しそばを用意して、ステイホームでも楽しく二人で年明けを、との思いとは裏腹に、泣きながら大喧嘩の、今までで最悪の年越しになった。

## 決定的な出来事

年が明け、二〇二二年一月。

正月休みも終わり、居間で夫と過ごしていた。

昔、こんなことがあった。

私がカワイ音楽学園を卒業した翌年、ドリマトーン(電子オルガン)専攻の同期生九人で、当時一人暮らしをしていた夫のマンションの部屋に、「同窓会」と称して押しかけたのだ。

「あの時は楽しかったね〜」と夫に話しかけるも、「そんなことしていない！　大体、あの部屋に九人も入る訳がないじゃないか⁉」と、またしても本気で怒り出した。

「九人も入るはずのない一人暮らし用の部屋に、みんなで無理矢理押しかけて、ちっちゃくなりながら、あなたがドイツで買ってきたワインを紙コップで飲んだじゃない⁉」

「証拠はあるのか⁉　証拠を出せ！」

「証拠？　その時撮った写真は盛岡の実家にあるけど、今、緊急事態宣言が出ているから、盛岡には行けないわ」

「他に証拠はないのか⁉」

仕方なく、遠方に住む同期生のミキちゃんに電話をかけた。

「先生、みんなで行ったじゃないですか〜」と、ミキちゃん。

「いいですか？　大体、あの部屋に九人も入るはずがないんです！　それに、私は酒をやめたんです。ドイツでワインなんか、買ってくるはずがない！」

ミキちゃんに対しても、本気で怒っていた。

実際のところは、一九八九年八月、夫は神戸ジュニアアンサンブルのドイツ演奏旅行に同行している。ドイツでは、夫が作曲した、子供の為の弦楽合奏組曲「夢の日記帳」が演奏された。

その翌月、私たち学園卒業生が夫の部屋に押しかけている。

夫が十二指腸潰瘍を患い、生活改善をしてお酒をやめたのは、その後の事だった。

翌朝、目が覚めるなり、気分が悪かった。

カワイ音楽学園ドリマトーン専攻のみんなと夫の部屋に押しかけたことは、私にとって忘れられない思い出の一つだった。

あのことは、夫にとっても特別な思い出であって欲しかったが、簡単に忘れてしまえるほど、夫にとってはどうでも良いことだったのだろうか。

大切な思い出を共有できていなかったことに対するショックは大きかった。

それに、そもそも喧嘩をした翌日はそれだけで気分が悪い。

朝から良くないと思いつつ、起きるなり夫にグチグチと文句を言い始めた。

「昨夜はなんでミキちゃんにまで電話であんなに怒るのよ⁉ あんなに怒って、ミキちゃんだってきっと気分悪くしてるわ！」

すると、「ミキちゃんと、電話で話はしていない」と、夫。

「え？」

あんなに大騒ぎしたのに、覚えていないはずがない。

「証拠を出せって言うから、ミキちゃんに電話して、あなたも話したでしょう？」

「記憶にない」

一瞬、凍りついた。

昨日の夜のことさえも忘れてしまっている！

これは、ただ事ではない。

この日の午前中は、オンラインレッスンの予約が入っていたが、すぐさまキャンセルし、慌てて夫を脳神経外科に連れて行った。

## 脳神経外科

脳神経外科では、脳のＭＲＩを撮り、「長谷川式スケール」の検査が行われた。

まず、「今から、三つの言葉を言います。猫、梅、車。この三つの言葉、また後で聞きますので、覚えておいてください」と医師から言われ、「今日は、何日ですか？」「ここは、どこですか？」「一〇〇から七を引いてください」といった質問が続いた。

質問は、難なく全てきちんと答えていた。

全ての質問の後、「最初に言った、三つの言葉は何ですか？」と問われた。

夫はしばらく無言で考えていたが、「そんなこと、言いました？」と、医師に問い返した。


夫が採血をしている間に、私だけ診察室に呼ばれた。

夫の脳のＭＲＩ画像を見せられた。

「海馬と脳全体が委縮しています。アルツハイマーです」

脳が委縮していると言われても、そもそも年を取れば、大なり小なり脳は小さくなるものではないのだろうか。

脳の画像を見せられても、素人には委縮しているのかどうかも全く分からない。

「年相応の委縮ではないのですか？」

医師は、大きく首を振った。

「アルツハイマー」、難病だとの認識はあった。

治らないのだろうか、少しでも良くならないのだろうか、これからどうなっていくのだろうか、今どの段階にいるのだろうか、余命はどのくらいなのだろうか…。

まとまりのつかない疑問や思いが、次々頭をよぎったが、言葉にできない。

「薬を出しておきます」

「副作用はないのでしょうか？」

「安全性が実証されている薬ですから、心配いりません。薬がなくなったらまた来てください。画像検査は年に一回しましょう。じゃあ、お大事に」

「お大事に〜」すかさず、傍にいた看護師が続けた。

しかし、軽い口調とは裏腹に、マスクの上に覗いた私の顔を凝視する看護師の嫌な目つきに、はっきり気付いた。

「あーあ、大変なことになっちゃった。でも、私、知ーらない」とでも言うような、意地悪な感覚だった。

病名だけ告げられ、病気について何の説明もないまま、診察室を出ざるを得ない流れに乗せられた。

## 告知

アルツハイマー。

これから、私たちはどうなるんだろう？

先を急ぐ夫の背中を見ながら、帰る道々考えた。

夫には、「人生でやり遂げる」と決めた目標がいくつかあった。

夫は、自己啓発の書籍の著者としてよく知られている中村天風氏の教えを実践する「天風会」に入会し、夢を実現させるため、日頃から自己鍛錬を積んでいた。


夫は、二〇一七年、ポーランドの人類学者、ピウスツキ（一八六六―一九一八）が一九〇〇年代に録音した樺太アイヌのユーカラ（歌・叙事詩）の蝋管レコードの採譜（音源から、楽譜に書き取る作業）を、十数年かけて完成させた。

ピウスツキが樺太アイヌのユーカラを録音した蝋管レコード六十四本は、長いことポーランドのある家の納屋に放置されたままになっていたが、後に北海道大学に渡り、伊福部達東京大学北海道大学名誉教授により再生され、その音源から夫が楽譜に書き起こしたのだ。

伊福部達教授は、夫が最も尊敬する邦人作曲家、伊福部昭氏の甥であり、この蝋管レコードの採譜作業は、本来伊福部昭氏が担う予定だったが、体調不良の伊福部昭氏に代わり、夫が引き継いだものだった。

蝋管レコードの音源の質は非常に悪く、とても聴けたものではなかった。

蝋管が回る度に発せられる「シャー、シャー…」という雑音の奥から、よくよく耳を澄ますと、人の声がかすかに聞こえてくるという程度のものだった。

周りからも、「藤井さん、やめた方がいいよ」とずいぶん言われたそうだ。

実際、この「シャー、シャー…」と鳴り続ける蝋管の回転音が何とも耳障りで、二十分以上聴いていると吐き気がしてきて、どうしてもそれ以上採譜作業を続けることができないと、夫はよく言っていた。

しかし、以前より関心の深かったアイヌの貴重な資料、そして、尊敬する伊福部昭氏の遺志を継ぎたいとの思いにより、長いこと苦労を重ね、夫の元教え子で作陽音楽短期大学音楽デザイン講師となった問田晃氏にも、更にノイズを取り除いてもらい、二〇一七年、ようやく楽譜に書き上げた。

死ぬまでに、このピウスツキの樺太アイヌの蝋管レコードについての論文を発表し、更にピウスツキ自身のこと、もしくはアイヌのユーカラを最初に世に出した知里幸恵や金田一京助の話を絡めて、アイヌを題材にしたオラトリオを完成させると決めていた。

何かの本に、人間の肉体の限界は一二〇年と書かれていたのだそうで、「俺は一二〇歳まで生きる！」が夫の口癖だった。

しかし、こんなに努力を重ねているのに、これらの夢はもう実現できないまま、何もかも忘れて死んでしまうのだろうか。

いや、そもそも中村天風氏は、結核を患い、医者から治らないと言われていたが、ヒマラヤのカンチェンジュンガで聖者と出会い修業をし、完治したのだ。

また、科学的根拠はないとされているが、度々湯治に訪れていた秋田県の玉川温泉や鳥取県の三朝温泉でも、もう治らないと医師から宣告されながらも、奇跡的に治った人の話は、ずいぶん聞いている。

また、私たち夫婦は、過去にスリランカで二回、ネパールで一回、インドの伝統医療「アーユルヴェーダ」の施設に長期滞在して治療を受けたことがあるが、そこでも病気を克服した人はいた。

脳神経外科から帰り、居間で腰を下ろすと、夫が口を切った。

「何で俺を脳神経外科に連れて行ったんだ⁉　俺の病気は一体何なんだ⁉」

返答に困った。

「悪い結果でも、受け入れられる？」

「ああ」

「そうだよね。天風さんも、結核が治らないって言われていたけど治ったし、玉川温泉や三朝温泉、アーユルヴェーダ施設でも、西洋医学では治らないと言われている病気が治った人がいたもんね。それじゃ、本当の事を言うね。お医者さんから、アルツハイマーだって言われたよ。でも、絶対大丈夫。きっと良くなるから、一緒に頑張ろう。私も良くなる方法がないか、色々調べてみるね。一緒に病気に立ち向かって行こう。応援するから。私は一生、修さんの見方だよ」

夫は、静かに聞いていた。

# 心療内科

落ち着いていたかに見えた夫だったが、翌朝、アルツハイマーとの診断に納得がいかない、別の病院で再検査をしたい、と言い出した。

「そもそも、言ってもいない三つの言葉を言えだなんて、あの医者が認知症だ！　あんな医者の言うことなんか信用できない！　もう二度とあの脳神経外科には行かない！　信頼できる医者の所に行って、再検査をしてもらう」

そう言って、再検査ができる病院を紹介してもらうべく、夫は自らある機関に電話をかけた。

その電話で、夫はある心療内科を紹介された。

「え？　何で心療内科？」というのが、その時の私の率直な気持ちだった。

認知症は、脳の病気だと思っていた。

脳の病気なのに、なぜ心の専門医に診てもらうのか、理解ができなかった。

心療内科に、ＣＴやＭＲＩがあるとは思えない。

どうやって、脳の画像診断をするのだろうか？

疑問だらけだったが、その心療内科のホームページを見ると、ＭＣＩ（軽度認知障害）の段階で治療すれば、認知症を防げる可能性があるというようなことが書かれてあった。

ＭＣＩと認知症は、違うのだろうか？

アルツハイマーであっても、初期に発見できたら進行が防げるのだろうか？

さっぱり分からなかったが、とにかく信頼できる機関が勧める所だし、セカンドオピニオンを聞くことも大切だし、何より本人が納得するのなら、とその心療内科に行った。


その心療内科では、家族が診察室に入ることができなかった。

家族が医師から話を聞くための決まりごとなどがあり、結局、私は一度もこの医師と会ったことがない。

とにかく私は受付で、夫が脳神経外科でアルツハイマーの診断を受けたこと、本人が再検査を望んである機関の紹介を受けて受診したことを、紙に書いて医師に伝えた。

夫はＭＣＩの検査を受け、診察室で医師から検査結果をもらって出てきた。

結果は、脳神経外科で受けた「長谷川式スケール」の結果とよく似たものだった。

知能は平均以上だったが、最初に言われた五つの言葉は、全く答えられていなかった。

そして、その検査結果の紙には、医師の字で「あなたは、アルツハイマーではありません!」と大きく書かれていた。

これは一体、どういうことなのだろう?

アルツハイマーではないと言われても、素直に喜んで良いものなのだろうか?

脳神経外科が、誤診したということなのだろうか?

脳の画像を見ずして、頭脳の検査だけで判断できるものなのだろうか?

一体、アルツハイマーの定義は何なのだろう?

それとも、夫を励ます意図で、医師は夫にこう言ったのだろうか?

頭の中は、疑問符だらけだった。


また、夫は「脳神経外科で処方された薬は、副作用があるから飲まないように、と医者から言われた」と続けた。

脳神経外科で処方された薬は、アルツハイマーの進行を遅らせると言われている「ドネペジル塩酸塩（アリセプト）」だった。

代わりにと、この心療内科から処方された薬は、「メコバラミン錠」だった。

メコバラミンは約一ヶ月分処方され、薬がなくなる頃に再診に連れて行ったが、「治ったから、もう来なくて良いと言われた」と、診察室から出てきた夫は言った。

驚いたが、夫の言う通り、その日の会計で処方箋は出されず、投薬は終わりとなった。

話は戻るが、ＭＣＩの検査結果をもらった日、家に着くなり、夫は激怒した。

「副作用のある薬なんか、俺に飲ませやがって！」

脳神経外科から処方されたドネペジルの束を、力任せに握り潰し、捨てようとした。

「やめて！」

アルツハイマーの進行を遅らせる、この薬。

進行を遅らせられるのなら、飲ませたい。

薬局では買えないこの薬、簡単に捨てる訳にはいかない。

慌てて、小さく握り潰されたドネペジルの束を奪い取った。


そして、夫は言った。

「俺はアルツハイマーなんかじゃない！　医者に証明された！　俺のことをアルツハイマーだなんて、よくも嘘をついたな！　あんな脳神経外科の医者と一緒になって、俺に副作用のある薬を飲ませようとしやがって！」

この時から、夫の私に対する怒りが始まった。

## 異常行動の始まり

夫のおかしな行動は、そのすぐ後から見られた。

今思えば、あれは統合失調症を発症していたのだろうか。

独り言を言うようになった。

ブツブツ言いながら独りで失笑したり、洗面台の鏡に映る自分に向かって長時間しゃべり続けるようになった。

「何を独りで喋っているの？　おかしいよ、やめて」

気が付く度、夫に注意していた。

以前のように、面白いことを言って人を笑わせることが好きで、温厚で誠実で理性的な夫に戻って欲しかった。

しかし、独り言のみならず、次から次へとおかしな行動が見られるようになった。

まず、私が買ってきたり夫に入れてあげた飲み物は、私が異物を入れたと疑って、飲まずに流し台に捨てるようになった。

そして、あからさまに私を軽蔑するような、馬鹿にした表情やしぐさを見せるようにもなった。

今まで見たこともないような、夫の狂った表情。

その様子は、正直、薄気味悪かった。

また、毎晩お風呂から上がると、「通帳が入った本が移動している！　俺の入浴中に、君が動かしたのか？」と血相を変えて私の元へ来るようになった。

夫は独身の頃から、自分の預金通帳は、夫が最も尊敬する邦人作曲家、伊福部昭氏が執筆した箱入りの分厚い書籍、「管弦楽法」の箱と本の間に入れてしまっていた。

夫の仕事部屋に入ると、伊福部氏の本は本棚のいつもの場所にあったし、中を見ると、通帳はいつものように箱と本の間に挟まっていた。

それでも、夫は「あっちにあった本が、こっちに移動している！」と言い張ったが、伊福部氏の本の横には、分厚い箱入りの萱野茂氏執筆の「アイヌ神謡集成」のシリーズが隙間なくズラリと並べられており、実際のところ、そう簡単に本を移動できる状態にはなかった。

夫の主張は、正直、馬鹿馬鹿しかった。

「あ、また同じこと言ってる」と聞き流し、「私は触ってないよ。知らないよ〜」と、ほとんど相手にしていなかった。

とはいえ、これは、異常行動のほんの始まりに過ぎなかった。

後から思うと、音楽の力が、夫の異常行動を抑制していたのかも知れない。

丁度その頃、夫は急ぎの編曲を頼まれ、必死に取り掛かっていた。

編曲は作曲より簡単とは言うものの、このくらいの長さの作品は、頭の中で考えるのに一週間、考えがまとまって五線紙に書き上げるのに二週間を要していた。

この時も、いつも通り、依頼からぴったり三週間で楽譜を書き上げ納品した。

そして、二月の演奏会当日は、自分が編曲した作品がどのように演奏されるのか聴くのを楽しみにしており、夫と二人で会場に駆け付けた。

自分の手掛けた曲が演奏されるという重要な行事が終わるまではと我慢していたのだろうか、演奏会の翌日、夫は態度を一変させた。

# 家出

演奏会翌日、朝起きるなり、夫は怒った様子で「今日は、一人で哲学の道に行く」と言い放った。

夫が作曲家として活躍し始めて間もなく、新しく書いた作品の楽譜を七ツ矢先生に見せたところ、「君、何だね、この曲は。一から考え直しなさい」と帰されたのだそうだ。

夫曰く、「あの時は、周りにちやほやされて調子に乗っていた。七ツ矢先生は、楽譜を見ただけで、何を考えて書いたのか、真面目に音楽に向き合っているかどうか、見抜く人だ」という。

こんな心持で音楽をやってはいけない、と悩んでいたある日、ある人から「京都に哲学の道という所がある。その二キロの道を歩きながら、考えてみたら？」と助言をもらったのだそうだ。

以来、頭の中を整理したい時や、新しい曲に取り掛かる前には、必ず一人で哲学の道を訪れていた。

いつもなら、気持ち良く哲学の道に送り出していたが、この時、コロナ第六波の真只中で、二回目のワクチンもまだ接種していなかった。

それに、私にはちょっと懸念があった。

数年前から本格的に取り組んでいたインドの伝統医学「アーユルヴェーダ」の延長で、私はインド占星術も少しかじっていた。

そのインド占星術によると、夫の肺にウイルスが入って、それが死に繋がると解釈できるような星の暗示があった。

電車とバスを乗り継いで哲学の道を散策して、コロナ陽性者と接触しないだろうか、と不安に駆られた。

それに、認知症であるのに、一人で行かせて良いものなのかも迷うところだった。

丁度この時、私の歯にはヒビが入り、この日の午前中は、大学病院で治療を受けることになっていた。

今、治療を怠ると、歯を失うリスクもあり、予約のキャンセルはしたくなかった。

今日は哲学の道に行かないで欲しい、と夫に懇願したが、全く聞く耳を持たなかった。

頼みの綱で、岡山に住む夫の姉に電話をかけ、夫に思いとどまるよう説得してもらうことにした。

夫が信頼を寄せているお姉さんの言うことなら、聞いてくれるかも知れない。

しかし、義姉からの返答は、「知子さん、行かせてあげて」というものだった。

私が夫を束縛しすぎているのだろうか？

不安でいっぱいな私を横目に、夫は勝ち誇ったかのような優越感と私への軽蔑とが混ざったような顔つきで、お気に入りのアンマの鞄に荷物を詰め、出かける支度を始めた。


アンマとは、「抱きしめる聖者」として知られる、インドの女性聖者。

数年前、アンマが来日した際、私たちもアンマの抱擁を受けるために東京を訪れた。

会場で夫は、アンマのサリーで作られた、青緑色に金色の刺繍が施された美しい鞄を購入した。

以来、新しい曲の構想を練りに哲学の道に行く時など、神聖な気持ちで出かける時は、夫はこのアンマの鞄に道具を入れて持ち歩いていた。


私が大学病院から戻ると、案の定、家の中に夫の姿はなかった。

家の中からは、夫の預金通帳、銀行印、キャッシュカード、実印、保険証、財布、クレジットカード、携帯電話と共に、分厚いファイル六冊が消えていた。

そのファイルの中には、夫の作品が演奏された今までの演奏会のプログラムが保管されていた。

そのファイルは一冊がものすごい厚さで、全部で優に三十キロはあったのだが、それがなくなっていたのだ。

そしてこの日、夫は帰ってこなかった。

## 妄想

夫は、あるビジネスホテルに泊まっていた。

私からの電話には一切応じてくれなかったが、岡山の義姉が知らせてくれた。

そして、家を出てから三日後、夫はようやく帰ってきた。

プログラムを収納したファイルが入った、三十キロもの大きなボストンバッグを肩に担いで。

自分が大切にしている物を私に盗まれまいと、一緒に持って出かけたのだった。

夫は、自分の入浴中に私が通帳を盗もうとしている、私が夫の飲み物に異物を混入している、自分の財産を私が奪って逃亡しようとしている、外部に協力者がいる、自分の命が狙われている、と思い込んでいた。

哲学の道に行くというのは口実で、実際は、知り合いの弁護士、市役所、携帯電話ショップ、かかりつけの内科医を訪れたようだった。

口が立つので、弁護士も市役所の職員も、夫がよもや認知症だとは思わなかったのだろう、まともに対応したようだ。

後に、市役所で書いたであろう離婚届や、弁護士の所で書いたであろう、私に財産を相続させないようにと書かれた遺言書が出てきた。


携帯電話ショップには、スマホに替えたい、と相談しに行ったようだった。

時代遅れと言えば時代遅れではあったが、この時点で、私たち夫婦はまだ、いわゆるガラケーを使用していた。ネットはパソコンで十分事足りており、何しろガラケーの利用料金は月千円台で済んでいたので、コロナで収入が減っていたこのご時世には、却って好都合だった。

だが夫は、知り合いの弁護士以外にも相談に行きたい所があったのだろうか、地図が見られるからスマホに替えたい、としきりに言った。


かかりつけの内科医には、自分は認知症なのかどうかを聞きに行ったようだったが、どこも悪いところはない、と言われたとのことだった。


夫は無事に戻ってはきたものの、夫は家の中でも、預金通帳、銀行印、キャッシュカード、実印、保険証、財布、クレジットカード、携帯電話をアンマの鞄に入れて、私に盗まれまいと肌身離さず持ち歩くようになった。

毎日毎日疑われてこんなことをされ続けるのは、ただただ悲しく、苦痛でしかなかった。

こんなことは早くやめて、以前のように、私を信頼して欲しかった。

そして、仕事部屋に戻っては、鞄の中身を全部取り出して部屋の中にしまい、また部屋を出る前に鞄にしまい…を繰り返しているうち、自分でも何をどこに置いたのか分からなくなるのだろう、「また通帳がなくなった！　お前が盗んだな！　どこに隠した！」と、一日に何度も詰め寄られるようになった。

終いには、「結婚して十五年間、よくも俺を騙したな！　この家も、この家の中にある物も、全て俺が買ったんだ！　電気代も電話代も、全部俺が払っているんだ！　お前は出ていけ！」と悪態をつく。

家の中には、私が自分で働いて買った物だって、私が夫にプレゼントした物だってたくさんあるのに…と思うと、益々悲しくなった。

携帯電話代などは、紹介キャンペーンの関係で、毎月私のクレジットカードから引き落とされていたが、そんなこともすっかり忘れてしまっていた。

夫に「お前が通帳を盗んだのか？」と疑いをかけられる度、私はピアノを練習したりオンラインレッスンをしたり家事をしていたのだから、盗める状況にはないし、そもそもあなたの通帳がなくなったら、私自身の生活も成り立たなくなるので盗むなんて有り得ない、それに、あなたのことを一番大切に思っているのだから、大切な人が大事にしている物を盗むなんてことは絶対にしない、と滾々と説明するのだが、いくら説明しても責め立て続けられ、悪態をつかれ、それが一日に何度もあり、毎日毎日続くので、いけないことだと分かっていながら、もう我慢がならず、夫の頬を平手打ちしたことも二～三度あった。

しかし、怒った後に残るのは、強い罪悪感と自己嫌悪だけ。

怒りを抑えきれなかった自分を責め、どう対処したら良いのか助けを求めるべく、夫に気付かれない隙を見て、ネットで認知症の人への対応について検索する。

検索すると、よく出てくるのが、「認知症の人の言うことを、否定してはいけません」というフレーズ。

しかし、「否定するな」と言われても、一体どうすれば良いのだろう?

認知症の人から「お前が盗んだ!」と言われたら、盗んでもいないのに、「そうだね、ごめんね」と謝るのが、認知症の人に対する正しい接し方なのだろうか。

相談したかった。

たまたまネットで見つけた、認知症の相談窓口に電話をかけてみた。

しかし、「そういうことは、この電話ではお答えできません」と、あっさり切られてしまった。

認知症について相談に乗ると謳われていたが、何の役にも立たなかった。


そして夫は、通帳やカードが盗まれたと思い込んで怒っては、いきなり家を飛び出す、いわゆる「徘徊」を頻繁に繰り返すようになった。

## 銀行

家を飛び出した夫は、まず銀行に行き、通帳やキャッシュカードがなくなったと訴えたようだった。

夫が主に利用していた三行全ての口座は止められ、入出金ができなくなってしまっていた。

コロナで収入が激減している中、夫の年金が大きな頼りになっていただけに、それを動かせないのは、死活問題だった。

まずは、A銀行に振り込まれた年金を、マンションの管理費や保険料などが引き落とされるB銀行やC銀行に移しておく必要があったが、それができないのだ。

夫の口座を今まで通り使えるようにするためには、夫本人が、銀行の窓口で手続きをしなくてはならない。

しかし、夫が認知症であることが銀行に知れたら、成年後見人を立てるしかない。

成年後見人を立てて、毎年多額の報酬を請求され、生活に困っている人たちの体験談をネットで見て、とても恐ろしくなった。


機嫌の良い時を見計らって、夫を説得した。

「通帳とキャッシュカードがなくなったと、銀行に言ったでしょう? だから、あなたの口座は、今、全部使えなくなっているの。マンションの管理費も払わなくてはいけないけれど、それができないの。今まで通り口座を使えるようにするためには、今から一緒に銀行に行って、銀行員の人の目の前で書類を書かなくてはいけないけれど、ちゃんとできる?」

マンションの管理費が支払えなくなったら、マンションにもいられなくなる、分かった、と夫は素直に応じた。


二人で各銀行の窓口を訪れた。

窓口で手続きをしている間は、もう気が気ではなかった。

夫はきちんと書類を書けるのだろうか、とんちんかんなことを言い出したりしないだろうか、行員から夫が認知症の疑いをかけられたら最後だ、早く無事に終わってくれないか、と祈る気持ちだった。

無事手続きが終わると、どっと疲労感に襲われながらも安堵したが、一度、ハラハラする場面もあった。

ある金融機関で手続きしていた時だった。

二人で待合の椅子に座って待っていると、夫がいきなり激怒し、「お前とは離婚する！」と紙を突き付けられた。

便箋に夫が直接書いた「離婚届」だった。

署名の隣に、自分の印鑑も押してあった。

「知り合いの弁護士に、直筆の離婚届でも離婚はできると言われた。この紙にお前も名前を書いて印鑑を押せ。これで離婚が成立する！」と、夫は主張した。

恐らく、夫が市役所に提出した離婚届には、私の署名も証人の署名もなかったので、当然のことながら離婚は受理されなかったのだろう、他に離婚できる方法はないかと、知り合いの弁護士に相談したらしい。

そこまで離婚したいのか、とため息しか出なかったが、とにかく今は、夫が認知症だと行員に疑われてはいけない、この場を何とか収めなくては、と直筆の離婚届を鞄にしまったが、夫の怒りは益々激しくなり、周りに人がいるのにも関わらず、大声で怒鳴り続けていた。


家に帰ると、「さっきお前に渡した離婚届に、署名捺印をしろ！」と迫られた。

正直、馬鹿馬鹿しくもあり、便箋に書かれた「私　藤井修は、妻　知子と離婚します」の文字の上に、大きく×を書き込んだ。

そして、「私　藤井知子は、夫　修を愛しています。なので、離婚はしません」と書き込み、下に署名をし、印鑑の代わりに、口紅を塗ってキスマークを付けて返した。

「なんだと〜！」

夫は本気で怒り、その手書きの離婚届をビリビリに破いた。

## 悪人リスト

その後も、「通帳がなくなった！　お前が盗ったのか？」と、夫が騒ぐ毎日が続いた。

しかし、明らかに私が通帳を盗んでいないと納得がいくこともあるらしく、それなのに通帳がなくなるのは、誰かが家に入ってきているからだ、と主張するようになった。

そして、このマンションの空き部屋に〇〇や××が潜んで、俺を狙っている、と怯えるようになった。

この〇〇、××というのは、コロナ前まで友人として夫と親しくしていた人たちの名前だったが、自分に悪さをする敵に置き換わってしまっていた。

知り合いの弁護士の所に行った時も、この人たちが自分の背後をずっとつけてきた、と夫は何度も主張した。

そして、夫は仕事部屋に籠ったかと思うと、ひたすらメモに何やら書き込むようになった。

一体何を書いているのか、夫の入浴中やオンラインレッスン中に急いで仕事部屋に入って、そのメモを見ることにした。

夫はもはや尋常ではなくなっていたのだが、不思議なことに、音楽モードに切り替わると以前のようにまともになり、オンラインレッスンが始まると、今まで同様、きちんと指導ができていたのだ。

実際、この期間に一度だけオンラインレッスンをすっぽかして外に飛び出したことがあったものの、受講していた生徒さんには、夫が認知症でおかしくなっていたことには、全く気付かれていなかった。

さて、仕事部屋の机の上には、夫が書いた「悪人リスト」が置かれてあった。

まずは、「極悪人」として私の名前が、アンダーライン付きでデカデカと書かれてあった。本気で縁を切りたいと思っていたのだろう、私の名前の苗字は「藤井」ではなく、旧姓で書かれていた。

そして、リストには、夫の知り合いの名前がズラリと並んでいた。

その中には、前記の〇〇、××といった夫の勝手な思い込みによるものだと思える人もいたし、明らかに夫にとってよろしくない人の名前もあったのだが、同じ音楽家仲間として親しく付き合ってきた人たちの名前もリストに書き込まれていたのには、どうにも解せなかった。

夫とこの人たちとは、てっきり音楽で繋がっている友人関係にあると思っていたのだが、本音では、夫はこの人たちを友人だと思っていなかったのだろうか？

それとも、また妄想が働いて、勝手にこの人たちを悪人だと思い込んでしまっているだけなのだろうか？


ある時、頃合いを見て、「悪人リスト」に載っていた音楽家仲間について、夫に尋ねてみた。

「ねえ、AさんやBさんのこと、どう思っているの？　あなたの音楽仲間だと思っていたけど、本当は悪い人なの？」

するとと、夫はこう続けた。

「あのな、あの人らは、真剣に音楽をやっていない。派手なことをやって、目立って、周りからちやほやされたいだけだ！　音楽を自分の地位や名誉のためだけに利用している人は、みんな悪人だ！」と。

重い言葉だった。

夫が常に真剣に音楽に取り組んでいたのは、重々分かっていた。

夫の作曲の恩師、七ツ矢博資先生がそうであったように、夫自身も、作品や演奏から、その人が真剣に音楽に向き合っているのかどうか、見抜く人だった。

夫を古くからよく知る人も、夫のことを「深い精神性を持った人」と語っていたが、夫は物事の本質を突くところがあった。

元々温厚で、怒ることがなかったので全く気が付かなかったが、本心では、真剣に音楽に向き合っていない知人らの姿に憤りを感じていたのだということを、この時知った。

このことは、曲がりなりにも音楽をやっている私自身に対しても、生涯忘れてはならないことだと、心に重く響いた。

夫は、もはやまともではなくなってきていたが、音楽に関してだけは、どこまでも真剣だった。

どこまでも、真の音楽家だった。

そして、いつまでも、私の音楽の師であった。

## スマホ

地図を見たいからスマホに替えたい、という夫の欲求は、日増しに強くなった。

そもそも、結婚した当初から夫は地図が読めなかったし、この時期にまた思わぬ出費が増えるのは正直苦しかったが、いずれスマホには替えなくてはいけない訳だし、これで夫の気が済むのなら、と一緒に携帯電話ショップに行き、まずは夫の携帯電話だけスマホに機種変更することにした。

これで一件落着と思いきや、また新たな問題が出てきた。

夫は、今まで使えていたガラケーが使えなくなった、夫と外部との通信を私が妨害している、と主張し出した。

機種変更をしたのだからもうガラケーは使えないのだ、これからは電話やメールはスマホでするのだ、といくら説明しても、理解できなかった。

それに、何度教えても、スマホの使い方が分からない。

分からないので、今まで使い慣れたガラケーを使おうとするが、全く動かない。

そして、「お前の仕業だな!」と激怒する、ということを繰り返した。

また、機種変更の際、データをスマホに移した後、お店から返された夫のガラケーには、なぜか機内モードを示す飛行機のアイコンが付いていた。

これが、夫の余計な妄想を膨らませた。

飛行機で海外に行き慣れている私が夫の通信を妨害し、私が夫の財産を奪って国外に逃亡する計画を立てている、そして、海の近くに住む夫の知人らが私の国外逃亡の協力者である、と勝手に思い込んだ。

全く、どこからそういう発想になるのかもはや理解不能だったが、仕事部屋に籠っては「悪人リスト」だけでなく、私がどうやって国外に逃亡するか、夫が勝手に思い込んでいる「逃亡ルート」も書くようになった。


そして、毎日「ガラケーが使えない！」とパニックになっては、携帯電話ショップに駆け込み、「スマホにしたら、ガラケーが使えなくなったんです！　私の通信手段が妨害されています。使えるようにしてください！」とスタッフに訴えた。

こんなことを訴えられてもスタッフも困惑するだろう、頭のおかしい迷惑な客がまた来たと思われるだろう、とハラハラしながら夫について行き、夫に気付かれないように「認知症です」と書いたメモをスタッフに見せ、「すみません！」と小声で謝る。

対応してくれた携帯電話ショップのスタッフは皆、若い人ばかりだったが、どのスタッフも、夫に対して当たり前のように紳士的な態度で丁寧に接してくれた。

毎日毎日同じことを訴えに来る夫に、嫌な顔一つせず、「お客様は、スマホに交換なさいましたので、こちらの携帯電話は、電波が繋がっていない状況でございます」といった具合に、毎回同じことを丁寧に説明してくれていた。

本当に有難かった。

私が説明しても怒るだけだったが、携帯電話ショップのスタッフに言われると、夫は「ああ、分かりました」と素直に納得し、店を出るのだった。

しかし、携帯電話ショップを出た後、夫は簡単に家には帰らなかった。

携帯電話ショップの近くには、鍵屋さんがあった。
○○や××が家の中に入ってきている、と思い込んでいた夫は、鍵屋さんにも寄って、家の鍵を交換して欲しい、と訴えるようにもなっていた。

また、その道沿いには、金融機関も二ヶ所あった。

その足で、金融機関に行くこともよくあった。

必要もないのに現金を引き出そうとすることもあれば、また「通帳がなくなった！」と、行員に訴えることもあった。


そして、この道の先には茨木警察署もあった。

かくして、この道は、夫の徘徊のゴールデンルートとなった。

## 茨木警察署

ある日、朝食を終えると、夫はコンサート会場にでも行くかのように正装し、お気に入りの紫色のよそ行きの帽子を被り、いつものように通帳などの貴重品を入れたアンマの鞄を肩から掛けると、「今日は、茨木警察署に行く！」と外に出た。

夫について行くと、いつものように携帯電話ショップに行き、鍵屋に行き、そして、本当に茨木警察署の中に入っていった。

恐らく、また通帳がなくなったと言い出すのだろう。

まずは、警察署の中の長椅子の上にアンマの鞄を置いてもらい、二人で鞄の中身を確認することにした。

「ここは警察署の中だし、悪いことをする人はいないから、安心して鞄の中身を全部出して確認してみよう。これはA銀行の通帳とカード、これはB銀行の、これはC銀行の。印鑑も実印も保険証も全部あるよ。何も盗まれていないよ。良かったね」

夫も納得したようで、この日は警察官と言葉を交わすことなく、警察署を出た。

しかし、数日後、夫はまた正装すると、「今日こそ、茨木警察署に行って話をしてくる！」と、外に飛び出した。

私も夫の後を追い、いつものように携帯電話ショップ、鍵屋さん経由で、茨木警察署に入った。

前回同様、長椅子で鞄の中身を確認させようとしたが、夫は受付窓口に行くなり、「私は、藤井修といいます。妻から酷い目に遭っているんです！　助けてください！」と訴え始めた。

慌てて、受付窓口に座っていたもう一人の職員に合図し、端に出てきてもらって「すみません。この人、認知症なんです」と耳打ちすると、その職員は、そのことを後ろに座っていた警部補に伝えた。

警部補は、すぐさま快く夫に対応してくれた。

「ああ、お父さん。分かりました。取り調べしましょう」

夫を奥の部屋に連れて行くと、夫のつじつまの合わない話に、じっくり付き合ってくれた。

しばらくして、警部補が私の元に来た。

「旦那さん、明らかに認知症ですね」

夫はいつものごとく、妻が自分の入浴中に通帳を移動させている、通帳がよくなくなるのは妻の仕業だ、ガラケーも使えなくなった、妻が自分と外部との通信を妨害している、ガラケーに飛行機のアイコンが付いているのが怪しい、妻は飛行機で海外に行くことに慣れているから、これは全て妻の仕業だ、などと主張したらしい。

また、夫は「医者から認知症ではないと言われた」と言い張っていたらしいが、警部補は、自分ももう長年警察官をやってきて、何人もの認知症の人に会ってきたから分かる、お願いだからちゃんと病院に行ってくれ、今は良い薬も出ているから、と夫を説得してくれていた。

有難かった。

警察がこんなに親身になってくれるとは、想像もしていなかった。

警部補には、夫は脳神経外科でアルツハイマーと診断をされたが、医師を信用できないと受診拒否をしていること、ある機関から紹介された心療内科にも行ったが、アルツハイマーではないと言われ、現在は通院も終わり、薬も全く飲んでいないことを伝えた。

そして、私たち夫婦には子供がいないこと、関西には親類縁者は全くいないことを告げると、これからどうすべきか、一緒に考えてくれた。

結果、かかりつけの内科医に頼んで、認知症治療をしてくれる病院を紹介してもらうのが一番良いだろう、という結論に至った。

また警部補は、これから心配なのは、認知症患者が介護者に暴力をふるうこと、もし、そういうことがあったら、躊躇せずすぐ警察に連絡するように、とも付け加えた。

警察署の外までわざわざ出てきてくれた警部補に見送られ、夫と二人、茨木警察署を後にした。

## かかりつけ医

茨木警察署で警部補と話をしたことで、決心が固まった。

このかかりつけの内科医には、認知症のことで既に受診はしていたが、改めて夫と二人で直接行って、今までの経緯を今一度きちんと説明し、認知症の治療をしてくれる病院を紹介してもらい、そして、その病院で認知症治療を受けるよう、先生から夫に説得してもらうことにした。

とにかく、信頼を寄せているこのかかりつけ医の先生の言うことなら、夫も素直に聞いてくれるだろう。

数日後、夫を説得し、二人でかかりつけ医を訪れた。

夫の前で夫が傷つく話をせずに済むよう、今までの経緯を含め、先生に伝えたいことは全て紙にまとめて、受付に渡した。

しかし、かかりつけ医の対応は、けんもほろろだった。

夫と二人で診察室に通されると、医師は夫の目の前で言った。

「藤井さんは、ちゃんと受け答えができているじゃないか！　どこが認知症なんだ！　何もおかしいところは感じない。奥さんがギャーギャーうるさい！　夫婦仲良くやりなさい」

全く相手にしてもらえなかった。

「ほら見ろ、かかりつけの先生も、俺は認知症じゃないと言っているじゃないか！」

解決の糸口を見出すどころか、二人でかかりつけ医に相談したことが、夫の私への怒りを更に煽る結果となった。

## 悪化

その後、夫はいきなり怒り出しては、一日に何度も家を飛び出すことが、明らかに増えた。

「今から私もオンラインレッスンがあるから、今は出ていかないで！　終わったら一緒に外に行こう」と説得しても、無駄だった。

時には、またあの三十キロもあるプログラムが収納されたファイルをボストンバッグに入れて、持って出ていこうとした。

何とか夫を引き留めようと、夫の肩に掛けられたアンマの鞄やら、夫の腕を引っ張るが、高齢者と言えど、やはり男の人の力にはかなわない。

結局、私が引きずられるだけだった。

夫が大事にしていたアンマの鞄は、引っ張り合いをしたせいで、紐やらジッパーが、あちこちちぎれてしまっていた。

こんなボロボロになった鞄に、通帳、印鑑をはじめ、貴重品を全部入れて外出するのだから、どこかで落すのではないかと、もう心配でならなかった。

ある時は、マンションの廊下で引っ張り合いになり、「誰か、助けてー！」と叫んだが、派手な夫婦喧嘩には関わらないでおこうと思われたのだろう、誰も助けには来てくれなかった。

また、ある時は路上で、駅で、ショッピングセンターの中で、ホテルのフロントで…と、あちこちで暴れては、公衆の面前で醜態をさらすこととなった。

夫が外に飛び出してよく駆け込んだのは、近くの交番だった。

相変わらず、「妻に通帳を盗まれた！　誰かが部屋に入ってきている！」と警察官に訴えていた。

交番にはほぼ毎回違う警察官がいたが、どの警察官も夫に優しく接してくれた。

夫の全くつじつまの合わない話に長時間付き合ってくれ、時には交番を閉めて、夫と私を家まで送ってくれたこともあった。

ある警察官は、そっと私の肩を叩き、夫に聞こえないように「ウチにも認知症の家族がいるんです。本当に大変ですよ。一人で大丈夫ですか？」と、心配してくれた。

誰からの助けも得られない中、寄り添ってくれた警察官がいたことだけでも有難かった。

あちこち捜し回っても夫が見つからない時は、「夫がこちらに来ていませんか？」と、まずは交番を覗いた。交番では、いつも軽く夫の捜索をかけてくれた。

しかし、こんなにしょっちゅう警察ばかりに迷惑をかけてもいられない、どうにか医療機関に助けて欲しいと、一度、往診専門のクリニックに電話したこともあった。

夫が暴れて騒いでいる声も、電話を通して先方に聞こえていた状態だった。

「大変ですね」と言うだけで、診察は断られた。

それから、外に飛び出しては、またビジネスホテルに泊まって帰ってこない、ということも頻繁に起きた。

このホテルの宿泊費は、一泊六千円強。

この時期、コロナ感染対策として買い物の回数を減らし、まとめ買いをするようテレビで呼びかけられていたせいか、ホテルに泊まる度、夫は大量の食料を買い込んで、部屋に持ち込んでいた。

今まで月二万円程度だったクレジットカードの請求金額が、月十万円を超えていた。

コロナで経済的に苦しいのに、こんな生活は続けていられない。

ホテルのフロントに電話して、夫は認知症なので、夫がホテルに来たらすぐにチェックインしないで欲しい、まずはこちらに連絡をして欲しい、とお願いしたが、無理だと断られ、支配人にファックスで直談判した。

夫がホテルから帰ってきて安堵するのも束の間、部屋に入るなり「俺の留守中に、前の旦那を部屋に入れただろう!?」と、激怒するようにもなった。

一体どこからそういう発想になるのか、とんでもない疑いをかけられ開いた口がふさがらなかった。

そんなに心配なら、尚のこと家にいたら良いのに、と思うのであった。

今夜は家にいてくれた、と安堵する日もあったが、「寝ている間に、誰かが家に入ってくる！」と、金槌やらドライバーを枕元に並べるようにもなった。

私が寝ている間に、この金槌で夫に頭を叩かれやしないかとの心配が、頭をよぎることもあった。

また、ある時は、深夜にいきなり飛び起きて、「わー！」と叫びながら寝室を出ていった。

慌てて、私も飛び起きて夫を追う。

「まだ夜中の二時だよ。寝ようよ」

「いや、俺は毎朝五時に起きるんだ。この時計が間違っている！　みんなで俺を騙そうとしている！」と言って聞かなかった。

そんなある日、夫はカワイ音楽学園の元同僚、広島にいるパイプオルガンの香月優明先生に電話をし、悪態をついた。

酷いことを言ったので、香月先生に謝るべく、電話口に近づき「すみません！　認知症なんです！」と叫んだ。

「なんだと！　俺は認知症じゃない！」

これ以上夫を傷つけたくなかったので、夫の前で「認知症」という言葉は出したくなかったが、こういう場面に出くわした時、本当にどうしたら良いのだろうか。

するとしばらくして、香月先生の奥様から私に連絡があった。

自分は認知症患者の介護経験がある、本当に大変だ、地域包括支援センターに連絡して助けを求めるように、とのことだった。

早速、地域包括支援センターを調べて連絡を取った。

時は三月だった。

すると、「あなたの住んでいる地域は、四月から別の地域包括支援センターの管轄になるので、私共が引き受けて良いのかどうか、これから話し合ってみます」との返答だった。

結局、地域包括支援センターが来てくれることはなかった。

## 万博記念公園

誰かが家の中に入ってくる、という夫の妄想は酷くなるばかりで、どうしても家の鍵を交換する、と言って聞かなかった。

コロナで収入が激減しているのだ。

節約して何とかやり過ごしたい時に、何の異常もない鍵を二万円以上も支払って交換するなど、もっての外だった。

しかし、私が反対すればするほどに、私が外部の誰かと企んで夫の命を狙っていると疑いをかけられ、夫の怒りを買う。

もう仕方がない、もったいないがこれで夫が納得するのなら、と腹をくくって二人で鍵屋に出向き、鍵の交換をお願いした。

支払いを済ませ、鍵屋を出る。

希望通り事が運んでほっとしたのだろう、夫も穏やかだった。

ふと気分転換してみたくなって、夫を万博記念公園に誘い、バスに乗った。


久しぶりに訪れた、万博記念公園の中にある日本庭園。

初めて夫に連れてきてもらった時のことを思い出す。

しかし、隣にいる夫は、あの時のように私に好意は持っていない。

悪人だと思い込んで、私を憎んでいるのだ。

夫にかける言葉も見つからず、この悲しみでいっぱいの心を自然の中で浄化しようと、流れる人口池の水をただ無言で見つめていた。

ふと見上げると、その池の傍に木が立っていた。

体に悪い気が溜っていると感じる時、私は時々、気に入った木に抱きついて、木から良いエネルギーをもらって自分を癒す、ということをしていた。

思わず立ち上がると、私はその木に抱きつき、木のぬくもりを全身で感じていた。

すると、私の背後から、夫が私を包み込むように無言で抱きしめた。

涙が溢れた。

まだ少しは、私に対する愛情が残っているのだろうか？

すっかりおかしくなってしまった夫が、一体何を思っているのか、もはや想像すらできなかった。

でも、きっと夫も辛いはずだ。

どうしたら良いのだろう、これから私たちはどうなっていくのだろう？

久しぶりに感じた夫の温かさに包まれ、しばらくそのまま佇んでいた。


日本庭園を出て、そのまま家に帰るつもりだったが、万博記念公園の中にある民族学博物館のレストランで昼食を食べよう、と夫が言い出した。

民族学博物館のレストラン、ここは結婚のきっかけとなった、夫と再会した場所だったが、夫は覚えているのだろうか？

過去の出来事のいくつかは、夫の記憶から、すっかり消えてしまっていた。

実際、レストランに入っても、夫は何も言わず、何の反応も示さなかった。

覚えているのかどうか、夫に聞けなかった。

記憶から消えているのに、思い出話を始めたら、また夫を混乱させるだけだ。

お互い無言のまま、パーティションを挟んで向かい合わせに座る。

あとどのくらい、夫とこんな時間が持てるのだろう？

ネットで見たが、アルツハイマーは治ることはない。

いずれ、夫の記憶の中から、全てが消えてしまうのだ。

今までの夫に戻ることはない。

このまま壊れていってしまうのだ。

そう思うと、ただただ涙が流れて仕方がなかった。

周りの客にも、スタッフにも、変だと思われていただろうが、もうどうしようもなかった。

配膳ロボットが、注文した料理を乗せて私の隣に来ていたことにも気が付かず、ずっと下を見て泣いていた。

レストランを出ると、夫は、久しぶりに民族学博物館も観たいと言った。夫と再会して以来、何度ここに一緒に来ただろう。

ここに来る理由は、いつも夫の曲作りや音楽研究のためだった。

夫が高校卒業後、最初に就職した奈良ドリームランドの音楽隊。ここで、夫はアイヌの人たちと親しくなった。

当時、奈良ドリームランドの中にはアイヌのコーナーがあり、北海道から来たアイヌの方々が民族芸能を披露し、民芸品を実演販売しながら、ドリームランド内の宿舎に寝泊まりしていたそうだ。

夜になると、夫はアイヌの宿舎を訪れ、よく一緒に過ごしていたらしい。

そこで知ったアイヌ文化に強い関心を覚え、奈良ドリームランド退職後も、知り合った人たちの伝手を辿って、層雲峡、阿寒、二風谷、白老など北海道のアイヌコタンを度々訪れ、バリトンとピアノの為の「コタン」(作詩　違星北斗)、ピアノ三重奏の為の「アイヌの歌」(全三曲)、吹奏楽の為の「アイヌ・ラプソディー」を書き上げたが、創作過程で北海道まで足を延ばせる時間がない時などは、この民族学博物館のアイヌの展示や資料を見に訪れていたのだ。

奈良ドリームランド時代に音楽隊メンバーと、ドリームランド内で知り合ったアイヌを訪ねて阿寒湖のアイヌコタンへ
一番左が本人

また、ピウスツキが録音した樺太アイヌの蝋管レコードの採譜の作業の時々にも、資料を調べに民族学博物館によく来ていたものだった。

他にも、夫の代表作、吹奏楽曲「鳥たちの神話」のモチーフになったアラスカの少数民族、クリンギットの特別展示があるといっては訪れ、世界各国の民俗音楽が演奏されるといっては訪れた。

ここで見たり聴いたりしたものは、全て夫の創作や研究活動と繋がっていた。


夫と再会し、ここで最初に夫から見せられたのは、ずらりと並んだ仮面の数々だった。

これらは、一九七〇年の大阪万博の時、太陽の塔の内部に展示してあった、と夫は教えてくれた。

夫は岡本太郎を尊敬していた。

作曲を続けていくと、どうしても民族の壁にぶち当たるらしい。

西洋の文化から長い時間をかけて培われてきたクラシック音楽、いくら頑張っても、バッハやベートーヴェンといった巨匠を超えることはできない。

これらの巨匠にはなくて、自分にしかないもの、すなわち「日本人らしさ」で勝負していくしかない。

しかし、多くの現代音楽作曲家が取り入れる、雅で風流な日本らしさに、疑問を感じていたのだそうだ。

日本文化の源流は、もっと力強く激しいものではないのだろうか?

その答えを導いたのが、岡本太郎だったそうだ。

岡本太郎は、激しさを秘めた縄文土器の芸術性を、最初に唱え人だった。

岡本太郎の名言「芸術は爆発だ」はあまりにも有名だが、確かに夫の曲の中にも、しばしばえげつない激しさが表現されていることがある。

また、太陽の塔が縄文の土偶をモチーフにしていること、表と裏で東洋思想の「陰陽」を表現しているということも、夫から教えられた。

そして、アフリカなどの先住民族の人々が古代から作ってきた仮面の芸術性や面白さに、岡本太郎がいち早く気が付いて、太陽の塔という作品の中に取り入れた、と教えられながら、仮面を見て回ったのだった。


一九七〇年の大阪万博といえば、それ自体も、夫にとっては人生で大きな出来事であった。というのも、当時、夫はＰＬ吹奏楽団の打楽器奏者をしながらマーチングバンドの指導をしており、大阪万博の開催中、「お祭り広場」で演奏をした。


民族学博物館を出ると、日本民芸館がある。

民芸運動を提唱した柳宗悦の偉大さを教えてくれたのも、夫だった。

夫と再会した頃、韓国文化に興味を持っていた私に、朝鮮半島の陶磁器の美しさを見出したのは、民芸運動に関わっていた浅川巧という人だ、とも教えてくれた。

結婚後、夫とソウル郊外にある忘憂里共同墓地を訪れ、浅川巧のお墓参りをしたこともあった。

夫との思い出が、夫から教えられたことが、そして、夫の創作活動や研究の原点が、この公園には散りばめられていた。

# 鍵屋

家の鍵を交換する日がやってきた。

これで、夫が「誰かが家に入った！」と騒ぐこともなくなるだろう、鍵の交換代は高かったけれど、夫が安心するなら、と安堵していた。


約束の時間に、玄関のベルが鳴った。

鍵屋さんが来た。

二人で玄関に出てドアを開けるなり、夫がいきなり鍵屋のお兄さんを大声で恫喝した。

「スモール！　おい、スモール！　そうやろ！」

驚いた。

何を言っているのかさっぱり分からなかったが、慌てて夫の腰に腕を回し、鍵屋さんに飛び掛かろうとするのを制止した。

「おい、お前、ちゃんと鍵を直せ！　おお、俺がここでこうやって見とったるわい！　はよやらんかい！」

隣近所にも聞こえるぐらいの大声、乱暴な関西弁。

こんな言葉遣いの夫を見たのは初めてで、大いに戸惑った。

マンションの住人も、顔をしかめて我が家の部屋の前を通り過ぎる。

まずいところを見られた、と気まずくなったが、それより何より、せっかく来てくれた鍵屋さんに、申し訳ない気持ちでいっぱいだった。

鬼の形相で腕組みをした夫が見つめる中、いくら仕事とはいえ、鍵屋さんも、こんな状況下ではやりたくないに決まっている。

鍵屋さんがちょっと手こずると、「お前、できんのか⁉　今度また誰かが入ってきたら、お前のせいや！　ちゃんとやれ！」と、また恫喝する。

夫をなだめつつ、鍵屋さんに謝りつつ、ハラハラしながら鍵の交換が終わるのを待った。


ようやく無事に鍵の交換が終わった。

しかし、夫の感情は、益々高ぶる一方だった。

「おい、お前に話がある！　ちょっとこっちに来い！」と、乱暴に鍵屋さんの腕を引っ張って、外に連れ出そうとする。

鍵屋さんに、危害を加えかねない様相だった。

どうにかしなくては。

鍵屋さんに逃げて欲しい一方、逃げたら夫は大声を出しながら追いかけ、益々事態が収まらなくなりそうでもあった。

鍵屋さんに、あとちょっとだけ付き合ってもらえないか、私が見ているので、マンションの広場のベンチで夫の話を聞いて欲しい、とお願いした。

すると、ベンチの傍まで鍵屋さんを引っ張って行った夫は、鍵屋さんの両手を握ると、いきなり号泣し始めた。

訳が分からなかった。

それに、夫が人前で泣いたところなど、今まで見たことがなかったのだ。

こんなに激しく泣きじゃくる夫に戸惑った。

「お前、スモールやな！　もう二度とお前には会えないと思っていた。お前、鍵屋になったんか。お前も苦労したんやな。お前に会えて、俺は嬉しいんや」と、夫は泣きながら鍵屋さんに言った。

後で分かったが、夫がＰＬ吹奏楽団にいた頃、団員の中に同じ苗字の人が二人いて、体型から一人を「ビッグ」、もう一人を「スモール」と呼んでいたらしい。

夫は、その「スモール」と呼ばれていた人が、この鍵屋さんだと思い込んでいたのだった。

鍵屋さんに自分の思いを吐き出した夫は、気持ちが落ち着いたのだろう、間もなく私の元に戻ってきた。

嗚咽し続ける夫と二人、鍵屋さんを見送った。

しかし、鍵屋さんには、とんだ迷惑をかけた。

後日、夫の隙を見て急いで鍵屋さんに走り、夫が認知症であったことを伝え、お詫びにと、千円の入った封筒を置いてきた。

本当は、気の利いた菓子折りでも持ってお詫びに行きたいところだったが、買い物に行く時間すら取れる状況にはなかった。

そして、もし、また夫から鍵の交換の依頼があったら断って欲しい、とも付け加えた。

この頃から、夫は、赤の他人を自分の知っている人だと思い込むことが顕著になった。

# 茨木警察署再訪

家の鍵を交換しても、まだ誰かが部屋に入ってきていると疑った夫は、再び茨木警察署に行く、と正装して家を出た。

慌てて私も後を追うと、前回同様、窓口に向かった。

窓口では、職員の人たちが夫の顔を見るなり、「あ、また来た！」と、すぐさま後ろの警部補を呼んだ。

前回対応してくれた警部補が、夫をまた奥の部屋に連れて行くと、夫の話をじっくり聞いてくれた。

その後、警部補は私のところにやってきた。

「旦那さんの妄想が更に酷くなっていますが、まだかかりつけ医に行っていないのですか？」

「いえ、行ったのですが、藤井さんはまともに受け答えができている、どこが認知症なんだ！　と、取り合ってくれませんでした」

「はあ？」

すると、警部補は、自らあちこちの病院に電話をかけて、認知症を診てくれる病院を探し、予約を入れる手続きまで取ってくれた。

そして、夫に必ず病院に行って治療を受けるよう説得してくれただけでなく、警察の名前が書かれた書簡をわざわざ作成し、夫に渡してくれた。

その書簡には、「認知症の可能性が非常に高いと思われます。××病院を受診して診断書をもらってきて私に見せてください。茨木警察署　○○」というようなことが書かれてあった。

それだけでなく、予約を入れた病院の医師宛にも、「当署に来署した藤井修氏につきましては、下記内容を主張し、認知症の疑いが非常に強い状態です。その後の生活も含め検討する必要があるため、診察並びに治療をお願いします。奥様も疲弊しており、非常に困っております」などと書かれた親書まで準備してくれた。

夫が勝手に開封して処分しないよう、警察の割印で封をする配慮までしてくれていた。

ただただ有難かった。

まさか、警察がこんなに親身になってここまでしてくれるとは、思ってもみなかった。

助けを求めても、どこにも応じてもらえない中、警察には感謝しかなかった。

本来、認知症患者の面倒を見るのは警察の仕事ではない。

世の中では、もっと深刻で凶悪な事件や事故が起こっているのだ。

市民の安全を守るのが仕事とはいえ、一人の認知症患者に構っている暇などないはずなのに。

認知症患者の数に、医療現場も追いついていないのだろうか、警部補が手続きを取ってくれた病院の予約は、一ヶ月以上も先だった。

これでも、最短で取れる予約だという。

それまで持ち堪えられるかどうか不安もあったが、警部補がここまでしてくださったことで、私たちはまだ見捨てられてはいないんだ、それまで何とか頑張ろう、と前を向くことができた。

# 一一〇番通報

それから数日後の深夜、泣き叫ぶ夫に体を大きく揺さぶられ、叩き起こされた。
「ようやく分かった。君は、俺と同じ運命だったんや。君の本当のお母さんは、みずかみかずよさんや！　君が来るのを待っている！　はよ起きて行ってやれ！」

みずかみかずよさんというのは、北九州出身の詩人で、夫は昔、彼女の詩に曲を付け、児童合唱組曲「馬でかければ」を作曲した。

この曲の初演の演奏会には、みずかみかずよさんご本人も来てくださったと聞いている。

一九八八年に既に他界されているが、どういう訳か、夫の中では、私の産みの母親はみずかみかずよさんで、盛岡にいる私の母は私の育ての母親ということになってしまっていた。

「私のお母さんは、盛岡にいるよ。大丈夫だよ」と何度言い聞かせても、「俺は分かっているんや。はよ起きて行ってやれ！」と、夫は私の体を激しく揺さぶり、泣き叫び続けた。

毎日毎日、いきなり外に飛び出す夫の後を追って走り回って、いい加減疲れていた。

夜ぐらいゆっくり寝させて欲しい。

言っても分かってもらえないならと、私も相手にせず、揺さぶられながらも目をつぶったまま横になっていた。

相手にしなかったら、夫もそのうち諦めてやめるだろう。

しかし、夫はその後もずっと泣き叫びながら、私を起こそうとした。

泣き叫ぶ夫に揺さぶられ続けながら、大分長い時間が過ぎた。

突然、夫は「あっ!」と叫んだかと思うと、布団を飛び出し、ジャケットを羽織って外に出ていった。

慌てて私も飛び起きる。

時刻は、午前五時前。

急いで着替えると、ジャケットを引っ掛けて表に出た。


夫がどこに向かったのか全く分からなかったが、とにかく走って、通りかかったコンビニを覗いてみる。

すると、コンビニの中で、夫が今まさに会計の機械に一万円札を入れようとしているところだった。

急いで中に入ると、夫の前には商品の入った大きなレジ袋が四つ置かれ、レジには合計六千円以上もの金額が表示されていた。

「すみません！　買いません！　この人、認知症なんです！」

「何だと！　俺は認知症なんかじゃない！」

家の冷凍庫には、夫がホテルに泊まる度に大量に買い込んだおにぎりなどの食料が、もう既にパンパンに詰まっていた。

それに、収入が減って困っているのに、これ以上不必要な出費は本当にやめて欲しかった。

幸い、早朝の店内にはほとんど客はいなかったが、カウンターの前で私と夫のちょっとした揉み合いになり、店員が一一〇番通報をした。

しばらくすると、サイレンを鳴らしたパトカーがやってきて、警察官五人がコンビニの中に入ってきた。こんなにたくさんの警察官がやってきて、こちらが恥ずかしくなるほどだった。

事情を知った警察官から、「このままでは収集がつかないから、まずは奥さん、六千円を払ってコンビニを出てください」と言われた。

泣きたかった。

これからの生活が一体どうなるのか全く先の見えない中、これ以上の余計な出費は本当に勘弁して欲しかったが、泣く泣く六千円を支払った。

後から推測するに、私は産みの母親であるみずかみかずよさんの元に今すぐ行かなくてはならない、そうなると、家には自分一人になるので、食料を大量に買い込んでおかなければ、という思いに夫は駆られたようだった。

買いたかった六千円分の大量のおにぎりとお弁当を無事手に入れた夫は、ご満悦だった。

そして、ここでも「通帳を盗まれた。家に誰かが入ってくる」と警察官に訴えていた。

いつも優しく親身になって夫の言い分を聞いてくれる警察官に、夫は大きな信頼感と安心感を覚えていたようだった。

私たちがちゃんと家に帰るまで見届けると言う警察官五人の先頭に立った夫は、「どうぞ、家まで来てください」と、コンビニの大きなレジ袋を両手に持って、意気揚々と歩き出した。

その姿は、まるで嬉しくて仕方のない子供のようでもあり、ある意味微笑ましくさえ映ったものの、当然のことながら全く喜べるような状況にはなく、何とも複雑な思いで夫の後について家に向かった。

## 東警察署

三月十七日、夕方。

夫は仕事部屋にいた。

夫の仕事部屋の襖が簡単に開かないように細工をし、「このまま静かに部屋にいてくれますように！」と祈る思いで、ピアノのオンラインレッスンを始めた。

しかし、私のオンラインレッスン中に細工を見事クリアし、夫は外に飛び出してしまった。

仕事部屋に入ると、床にスマホが置かれたまま。

繋がらないガラケーを持って飛び出したらしい。

連絡の取りようがない。

時刻は十九時。

もう辺りはすっかり暗くなっていた。


表に出て、夫が行きそうな場所にあちこち行ってみたが、見当たらなかった。

交番も覗いたが、「パトロール中」の看板が出ていて、警察官は不在だった。

夫に何かあったら、取り返しのつかないことになる。

もうこのところ、ほぼ毎日、警察のお世話になっていた。

また今日もお世話になるのは本当に気が引けたが、捜索願を出しに茨木警察署に入った。


捜索願を出して家に戻る。

この五日間は、夫が昼夜を問わず外に飛び出していたので、ほとんど寝ていなかった。

夫のことは心配だったが、後は警察に任せよう。

とにかく寝よう。

もう体が限界だった。


深夜1時。

携帯電話のベルがけたたましく鳴った。

「東警察署です。旦那さんを保護したので、今すぐ署まで引き取りに来てください」

とにかく無事で良かった。

「有難うございます。東警察署って、どこでしょうか?」

「大阪城の傍です」

「えっ!? 大阪城?」

茨木の東の方かと思いきや、まさか大阪市内まで行っていたとは…。


誰もいない、静まり返った深夜の街。

こんな夜中に独りで外に出るのは、大阪に来て初めてだった。

周りに不審者がいないか緊張しながら、ピンと張りつめた冷たい空気の中、独り茨木駅に向かった。

もう電車はない。

運よく駅前に一台だけ停まっていたタクシーに乗り込み、東警察署に向かった。

しかし、どうして大阪城なんかに向かったのだろう？

思い当たることは、二つあった。

一つは、ある用事で、大阪市音楽団を一度訪ねたいと言っていた。

二〇〇四年の吹奏楽コンクール課題曲になった「鳥たちの神話」をレコーディングしたのも、大阪市音楽団だった。

大阪市音楽団の練習場所が大阪城の傍にあったと聞いていたが、あの用事のため行くつもりだったのだろうか。

二つ目は、二〇〇五年と二〇〇六年、大阪市主催によりライトアップされた大阪城をバックに大阪城野外創作オペラ「千姫」が公演されたが、そのオペラ「千姫」の作曲を手掛けて以来、夫にとって大阪城は思い入れの深い場所となっていた。

このオペラの作曲依頼が来たのは、なんと公演三ヶ月前だった。

オペラの作曲を誰も引き受けてくれなかったのか、それとも別の人にオペラ作曲を依頼していたが完成できなかったのか、真偽のほどは定かでないが、最後の神頼みで夫のところに作曲の依頼が来たようだった。

話が来た当時、夫も大分悩んだ。

しかし、本番までもう時間がない、早く結論を出さなくてはならなかった。

作曲家である以上、いつかはオペラを書きたいと思っていたようだが、通常、オペラは何年もかかって書き上げるもの。

果たして、三ヶ月でできるのだろうか？

良い作品にならなかったら、自分の評価も落としてしまうことになりかねない。

夫は作曲の際、曲のテーマが決まったら、そのテーマに関わる資料を読み漁り、テーマに関わる場所を実際に訪ねる、ということをする。

まずは、急いで「千姫」の物語の本を読み、大阪城を訪れ、「これならいける」と、引き受けることにした。

それからが、凄まじかった。

仕事で外に出る以外は家に閉じこもり、何時間も五線紙に向かう日々。

当時、私たちはまだ結婚していなかったが、私が毎晩夕ご飯を作って持って行く役目を引き受けた。

そして、一日中鉛筆を握りっぱなしでは、腱鞘炎になって楽譜が書き進めなくなる心配があったので、夕ご飯の後には、私が毎晩夫の腕にお灸をして痛みを取った。

そんな中で書き上げた、オペラ「千姫」。

「オペラを書くなら、心に残るアリアを一曲、作品の中に入れたい」と、クライマックスのシーンには、一般の人々にも親しんでもらえるメロディーの「千姫のアリア」も入れた。

しかし、公演を観たある音楽評論家は、某音楽雑誌上で、「藤井氏は、芸術を理解していない」と酷評した。

この音楽評論家にとっては、いわゆる難解な現代音楽こそが芸術なのだろう。

実際公演を観なかった全国の某音楽雑誌読者に、「藤井修は、芸

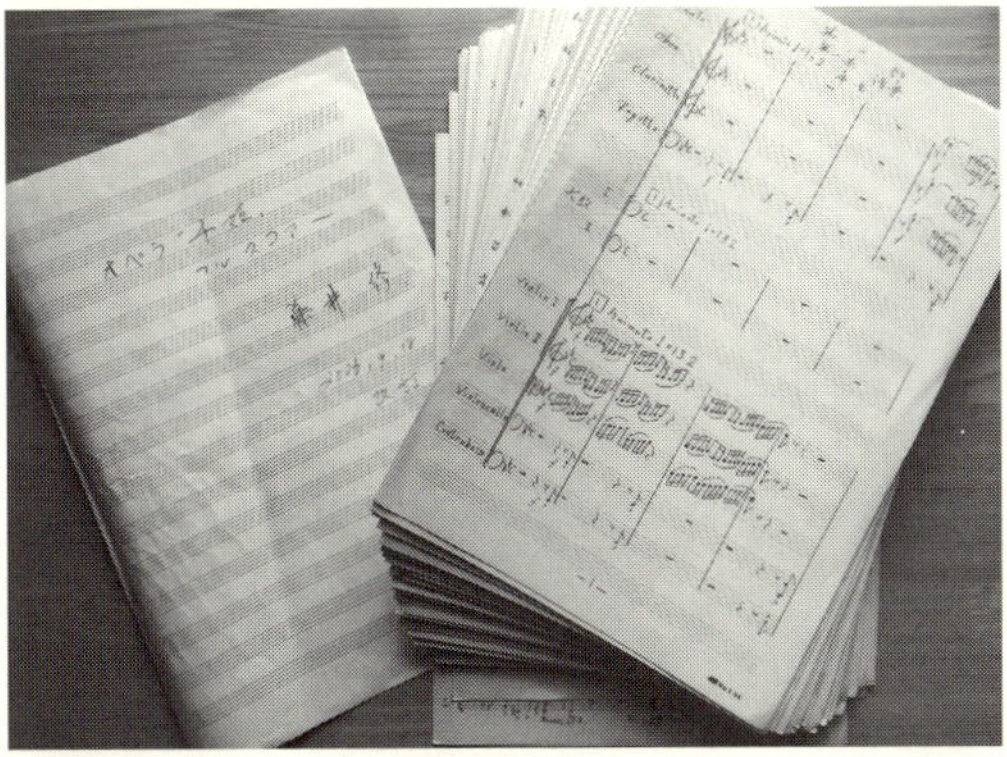

オペラ「千姫」の手書き楽譜
依頼からわずか3ヶ月でオペラの全スコア149ページを完成させた

術を理解していない作曲家」と周知されてしまったことが、本人を長いこと苦しめていた。


タクシーで高速道路を走ること三十分。

ようやく東警察署に着いた。

警察官から説明を受ける。

何と、深夜の森ノ宮の路上で、知らない女性の鞄を奪い取ろうとして揉み合いになっているところを、目撃者が一一〇番通報し保護された、と言うではないか。

「被害者の女性は、被害届を出さずに帰りましたが、被害届を出していたら窃盗ですよ」

この女性の鞄を、夫は一体何と勘違いしたのだろう？

この女性も、夜遅くにいきなり知らない男に鞄を盗られそうになって、どれだけ怖い思いをしたことか。

できることなら、この女性にも平謝りに謝りたかった。


ほどなくして、大勢の警察官に付き添われて、夫が満面の笑顔で部屋から出てきた。

どうも警察に話を聞いてもらえると、夫は安心するらしい。

そして、ここでもどの警察官も優しかった。

「お父さん、良かったね。家でゆっくり風呂にでも入って」

心の中で「ゆっくりお風呂に入りたいのは、私の方」と思いながらも、大勢の警察官に見送られて上機嫌の夫と共に、警察が用意したタクシーで、まだ日が昇る気配すらない暗闇の中、茨木の自宅に向かった。


無事に帰ってこられただけで何よりだ、もう責めないでおこう。

しかし、この日の深夜料金のタクシー代は、往復一万五千円を超えていた。

またしても、何とも痛い出費であった。

## 吹田の裁判所

東警察署から戻り、横になるもすぐ朝。

結局、この日も寝ることができなかった。

そしてこの日、三月十八日の午後、「今から吹田の裁判所に行って、お前と離婚する！」と、夫は家を飛び出した。

何で吹田なのかよく分からないが、とにかく慌てて上着を引っ掛け、傘を持って追いかけた。

引っ張って連れ戻したいところだが、また公衆の面前で大騒ぎになる。

今日はレッスンの仕事は入っていない、よし、本人の気の済むまで徘徊につき合おう、と腹をくくった。

一緒に、大阪方面に向かう普通電車に乗る。

しかし、「反対や」と次の千里丘駅で電車を降りると、京都方面行の電車に乗り換えた。

「吹田はこっちだよ」と何度言っても、「ＪＲも民営化してからおかしくなった。皆で俺を騙そうとしている！」と信じない。

やがて、電車は島本駅に停車した。

「ここが吹田や」

二人で島本駅に降り立った。


まずは、東口に出る。

少し歩いては首を傾げ、「何か違う」と夫は言った。

当然だ、ここは吹田ではないのだ。

来た道を戻ってコンビニに入り、夫が尋ねる。

「裁判所はどこですか?」

すかさず、私が店員に耳打ちする。

「すみません、認知症なんです」

機転を利かせた店員は、優しく答えた。

「さあ、この辺にはありませんねえ」

「ないんだって。帰ろう」


駅に戻り改札まで来たが、「いや、裁判所はこっちだ!」と、今度は西口へ出ていった。

島本駅の西口は開発途中で、広大な空き地になっていた。

雨がしっかりと降っていた。

一本しかない傘に二人の体を無理矢理突っ込んで、何もない広い空き地の中をただただ歩いた。

やがて、あるオートロック式のアパートの前に来た。

「ここが裁判所だ」

そう言って、夫は知らない人の部屋の呼び鈴を押す。

反応が無ければ、別の部屋の呼び鈴を押す。

もうやめて欲しかった。

たまたまどの部屋にも誰もおらず、そのうちある住人が中に入ろうとやってきたので、「ここ、裁判所じゃないみたい。行こう」と、何とかその場を離れ、駅に戻ることができた。

今度こそ改札に入ろうと促したが、「いや、やっぱり裁判所はこっちだ」と、夫はまた東口に出ていってしまった。

住宅街を歩き続けると、大きな建物が見えた。

スーパーの搬入口だった。

すると、夫はその搬入口からどんどん中に入っていってしまった。

「違うよ、ここスーパーだから入っちゃダメ！」

入り口には警備員のデスクがあったが、こんな時に限って、警備員は不在。

商品の段ボールが高く積まれた薄暗い倉庫のような所で、ちょっとした揉み合いになった。

そこに、パート風の女性が入ってきた。

「ごめんなさい！　認知症なんです」

「俺は認知症じゃない！」

この女性は、認知症患者に対しての知識や経験があったのだろう、勝手に搬入口から入ったことを全く咎めることなく、穏やかに「ここは危ないから、出ましょう」と出口まで誘導してくれた。

有難かった。

しかし、夫は、まだ裁判所探しを諦めていなかった。

小雨降る中、駅とは逆方向に歩き出した。

すると、ちょっとおしゃれな一軒家があった。

「ここが裁判所だ」

玄関の取っ手には、最新式の指紋認証の鍵が付いていた。

「違う！　ここは知らない人の家だから、触っちゃダメ！」

夫はその鍵を呼び鈴だと思ったようで、人差し指で押しては取っ手を引く、ということを何度か繰り返した。

すると、なぜかその指紋認証の鍵が開いてしまった。

「えっ!?」

夫はドアを開けると、物凄い剣幕で靴のままその家に上がろうとした。

「キャー！　ここよその家だから、中に入っちゃダメ！」

中の部屋の扉から、小学五年生くらいだろうか、男の子が首を傾げ、目のあたりまで小さな頭を出した。

「ごめんね。びっくりしたね。この人、認知症って病気なの」

夫が靴のまま中に上がらないよう、夫の腰に両腕を回し、必死に引っ張りながら言った。

「ここは裁判所だろう！　違うのか！」

こんな子供に向かって、夫は本気で怒鳴りつけていた。

レッスンに通ってくる子供たちに怒ったことなど一度もなく、いつも優しく接していた夫からは、想像もつかない変貌ぶりだった。

しかし、その男の子は、動じることなくしっかりと受け答えに応じていた。

「違います。ここは、裁判所じゃありません」

そんな最中、一台の車が玄関先に停まった。

父親、母親、妹らしき三人が、車で一緒に帰宅したようだった。

慌てて車に駆け寄り、事情を説明する。

すると、ここでも母親らしき人物が認知症に理解があったようで、父親らしき人物に「大丈夫、あなたはここにいて」と言うと、夫に近づき「昔、ここに裁判所があったかも知れないけれど、私たちが引っ越してきた時には、もうなかったんですよ」と、優しく夫に話してくれた。

夫も納得したようで、素直にその場を離れることができた。

いきなり知らない人に玄関のドアを開けられ、男の子にはさぞかし怖い思いをさせてしまって申し訳ない気持ちでいっぱいだったが、とにかく島本町でまた救われた。


しかし、それでもまだ夫は裁判所探しを続けた。

しばらく歩くと、モダンな建物が出てきた。

高齢者介護施設のようだった。

またしても、そこの呼び鈴を夫は押す。

中から背広を着たスタッフの男性が出てきた。

「すみません、認知症なんです！」

「俺は認知症じゃない！」

高齢者介護に慣れているであろうこの男性は、優しく夫を敷地内に迎え入れると、施設の入り口にあるベンチに夫を座らせ、自分は夫の目線に合わせて寒い中しゃがんだまま、夫の話をただただ三十分程聞いてくれていた。

夫は、裁判所とは全く関係のない自分の身の上話を一方的に話し、最後に名刺を交換し、満足げにその場を離れた。

ここでも、また救われたのだった。


ようやく駅に向かった。

改札まで来た。

これでやっと家に帰れると思いきや、「やっぱり、裁判所はこっちだ！」と、またしても夫は西口に出ていってしまった。

いい加減、辺りは暗くなり始めていた。

再び一つの傘に二人の体を突っ込んで、あの広大な空き地の中をただただ歩き回った。

島本町の徘徊を始めて、既に三時間以上が経っていた。

もうまともに寝ていない日は六日目を迎えていた。

疲れた。

夫も寝ていないはずなのに、何でこんなに歩き回れるのか、信じられなかった。

履いていたジーパンは、体の芯まで凍えるくらいすっかりびしょびしょに濡れていた。

このままだと、風邪を引いて高熱でも出すかも知れない。

コロナ感染の心配もある。

持病の頭痛も、痛みが激しくなっていた。

さっき来た、オートロックのアパートの前にまた来た。

先程と同じように、夫は知らない人の部屋の呼び鈴を片っ端から押し続けていた。

「ねえ、もう暗くなるよ。風邪引くよ。寒いから帰ろう。裁判所には、また明日来よう」

何度も何度も夫を説得し続け、やっとのことで帰りの電車に乗ることができた。

電車に乗り込むと、帰宅ラッシュの時間だった。

三時間以上、歩きっぱなし、立ちっぱなしだったが、空いている席はなかった。

このままだと、本当に風邪を引く。

とにかく、体を温めなくては。

家に着いて真っ先に、熱いお風呂を入れた。

## 淀川警察署

島本町を歩き回り、疲れ切って芯から冷え切った体を、お風呂でようやく温めた。

三月十八日二十三時過ぎ、バスタオルで体を拭いている時だった。

「兄貴がマンションの下に来ている！」と叫ぶなり、夫が家を飛び出した。

またた…。

結婚以来疎遠になっていた遠方に住む夫の兄が、こんな時に来るはずもなかった。

ようやく寝られると思っていた矢先の徘徊。

もういい加減にして欲しかった。

本当に疲労困憊していた。

頭も割れんばかりに痛みが走る。

まともに寝ていない日も、七日目を迎えようとしていた。

もう追いかける気力も体力もなかった。

このままでは、私が倒れてしまう。

まずは自分を守らなきゃ、寝なきゃ、もう夫がどうなっても知らない、との思いも頭をよぎったが、こんな夜中に夫の身に何か起きたら、やっぱり取り返しのつかないことになる。

何かあったら、私の責任だ。

本来、捜索願は警察署に行って出すものであることは分かっていたが、もう無理だった。

毎日毎日のことで本当に心苦しかったが、意を決して茨木警察署に電話をし、事情を説明した。

「またかよ〜。もう、目を離すなよ〜！」

呆れたように、しかし、きつい口調で電話口の警察官が言う。

警察にお世話になって以来、どの警察官も本当に頭が下がるほど私たち夫婦に優しく接してくれたが、後にも先にも、警察官に叱られたのはこの時だけだった。

「お風呂の時に、目を離すななんて無理！」とは思ったものの、警察官が呆れて怒るのも無理はなかった。

本当に、毎日毎日迷惑をかけているのだから。

それに、認知症患者の面倒を見るのは、本来警察の仕事ではないことも、重々承知していた。

しかし、私独りでは、どこに行ったか分からない夫を追いかけることも、捜すこともできない。

結局のところ、警察以外に頼れる所はなかった。

電話を切ると、布団に倒れ込んだ。

深夜三時、携帯電話のベルに叩き起こされた。

聞き覚えのある声。

茨木警察署のあの警部補からだった。

夫が淀川警察署に保護された、今すぐタクシーで、淀川警察署に引き取りに行くようにとのこと。

昨晩に引き続き、またもや大阪市内での保護。

面倒見の良い警部補らしく、茨木駅から淀川警察署までのタクシー料金まで調べて教えてくれ、私の無事が確認できるよう、タクシーに乗ったら電話をくれ、とまで伝えてくれた。

しかし、酷い疲労感と激しい頭痛で、とても起きられる状態ではなかった。

起きなきゃ、と思いつつ、布団の上に突っ伏したまま起きられずにいた。

二十分程しただろうか、心配した警部補が、また電話をかけてきた。

「夜中に警察も頑張っているんです。頑張って行ってください」

確かにそうだった。

迷惑をかけているのは、こちらの方。

ハンマーで叩かれ続けているかのようにガンガン痛む重い頭を抱えて、その辺にあった服を滅茶苦茶に着て防寒着で包み隠し、泣きたくなるのを我慢して、昨晩同様、深夜の茨木駅に向かい、タクシーに乗り込んだ。

タクシーの中では、運転手が、メーターを一旦切って淀川警察署前で待っているから、茨木までまた乗って帰らないか、と迫ってきた。

確かに、その方が良い儲けになるのだろう。

だが、今、この激しい痛みの走る頭の中に、他人の儲けのことを思いやる隙間など、これっぽっちもなかった。

勿論、夫のことを心配する余裕さえもなかった。

とにかく、この頭、痛くて痛くて仕方がないのだ。

会話をするのさえ、苦痛なのだ。

とにかく、黙っていて欲しい。

窓の内側に頭をもたれ、目をつぶってじっとしているのが精一杯だった。


淀川警察署に着いてタクシーを降りると、あまりの頭の痛さに、その場にしゃがみこんでしまった。

タクシー運転手は気付いていただろうが、無情にもそのまま行ってしまった。

目の前には、階段があった。

この階段を上ると警察署の入り口があるのだろうが、立ち上がって上る力ももうなかった。

とにかく、痛みが少し治まるまで、このままじっとしていよう。

誰もいない暗闇の中で、頭を抱えて、しばらくしゃがみこんでいた。

どれくらい経っただろうか、「どうしましたか?」と女性が声をかけてきた。

事情を説明すると、どうもこの女性、この淀川警察署の警察官らしい。

彼女は、すぐさま暖かいダウンのようなものを持ってきて私の肩にかけてくれ、救急車を呼んだ。

頭が痛いのは、もうかれこれ一週間も寝ていないのが原因だということは明確だった。

どうせ病院に運ばれたところで、「異常はありません」と言われるだけに決まっている。

「寝れば治ると思います。コロナで救急車が足りないでしょうし、呼ばなくて結構です」と断ったが、あれよあれよという間に、救急車に乗せられた。

扉の閉まった救急車の片隅には、アンマの鞄をしっかり抱いた無言の夫が、小さくうずくまるように座らされていた。

警察から話を聞く時間がなかったので、夫がどういう経緯で淀川警察署に保護されたのか、結局よく分からなかった。

さっきの女性の警察官からは、「友達に会いにライブハウスに行ったけど、休みだった、と言っていました」とだけ聞かされた。

あの辺りに、馴染みのライブハウスなんてあるのだろうか？

夫は、七十年代に曽根崎のお初天神の近くのバーで、ジャズバンドのメンバーとしてドラマーの仕事していた。コロナ禍になってから、当時のバンド仲間、森上剣氏からよく電話がかかってきていて、昔のように会いたいと話していた。

休憩時間になると、バーのすぐ向かいにある「夕霧そば」を食べに行っていたことも、よく聞かされていた。

そこに行くつもりで、迷ったのだろうか？

それとも、講師として仕事をしていたドラム教室、「サウンドイリュージョン」にでも行こうとしていたのだろうか？

夜中に一体どういう経路であそこまで行ったのかも、さっぱり分からなかった。

自分が一体どこに運ばれたのか皆目見当が付かなかったが、とにかく病院で頭のＣＴを撮られた。

案の定、異常はないとのこと。

自分の脳のCT画像を見せられる。

頭蓋骨と脳の間に黒い隙間はほとんどなく、ほぼ真っ白だ。

この時、改めて夫の脳の異常に気付かされた。

脳神経外科で夫の脳のMRI画像を見せられ、「海馬と脳全体が委縮しています。アルツハイマーです」と言われた時は、どれが海馬なのかも、脳全体が委縮しているのかどうかすら、よく分からなかった。

ただ、「全体が黒いな。ずいぶん黒い所が多いな」と言う印象だった。

脳が委縮せずしっかり詰まっていたら、画像が白く映るはずなのだ。


それはともかく、医師に訴えた。

「頭が痛い原因は分かっているんです。もう一週間、寝ていないんです。夫がアルツハイマーで、昼夜を問わず外に飛び出すんです。昨日の晩は東警察署、今夜は淀川警察署に保護されました。私たちには子供もいないし、関西に親類縁者もいないので、私が対応するしかありません。寝たら頭痛は治ると思います。睡眠薬を下さい。もうこうなったら、夫はどうなっても仕方がないので、睡眠薬を飲んで一度しっかり寝たいんです」

睡眠薬なんて、生まれてこの方、一度も飲んだことなどなかったが、これはもう無理矢理でも寝なくてはいけないと思った。

頭は、もはや首だけで支えていることさえ辛いぐらい激しく痛み、何かにもたれていないといけないほどだった。

「いいですよ」と医師は言ったが、どうやら本来は、救急では睡眠薬の処方ができないらしい。

看護師たちが慌てていたが、とにかく二錠だけ睡眠薬をもらえることになった。

頭を壁にもたれ、目をつぶり、会計を待つ。

夫は、状況を理解できているのかいないのか、紐の切れたアンマの鞄を胸にしっかり抱きしめたまま、無言で傍らに腰かけていた。

そこに、診察室から飛び出してきた若い看護師が駆け寄ってきた。

「奥さん、このままじゃ本当に倒れちゃう。睡眠薬、二錠だけじゃ無理。とにかく心療内科に行って」

泣き出しそうな顔で、本当に心配してくれていた。

夫の病院のことも、ずいぶん気にかけてくれた。

最初に行った脳神経外科での受診を拒否していること、次に行った心療内科とかかりつけ医にアルツハイマーではないと言われ通院ができていないこと、警察がある病院を予約してくれたが、まだ二週間以上も先であることなどを説明した。

しかし、結局のところ、解決策が見つかるはずもない。

とにかく、心配してくれた人がいてくれただけで有難かった。


会計を済ますと、もう辺りはすっかり明るくなっていた。

聞けば、大阪駅まで歩いて行ける距離だという。

出勤ラッシュが始まりそうな気ぜわしい電車で、帰宅の途に就いた。

帰りは電車だったとはいえ、この日も深夜のタクシー代片道七千円、救急病院代は一万円を超えていた。

毎日毎日、こんな調子で予定外の出費が続いたら、生活苦に陥ることは目に見えていた。

肉体的、精神的な疲労に加え、経済的な不安もひしひしと感じていた。

# 睡眠薬

自宅に着くと、もうすっかり日は昇り、三月十九日が始まっていた。

しかし、もう一週間寝ていないのだ。

頭にも激痛が走っていた。

とはいえ、この日の午前中は、オンラインレッスンの予約が入っていた。

毎日毎日予定外の出費が嵩んでおり、レッスンの仕事をキャンセルしたくはなかった。

まず、レッスンまでのほんの数時間でも横になろうと、布団にもぐった。

すると、リビングにいた夫がいきなり「あっ!」と叫ぶなり、私の元に来た。

「君、さっき病院にいたよな? もしかして、子供ができたのか?」

全くどこからそういう発想になるのか、こちらがびっくりする。

私がなぜ病院に運ばれたのか、やはり夫は理解できていなかった。

そして、私たち夫婦には子供ができないことも、夫は忘れてしまっていた。


オンラインレッスンは無事に終わったものの、休む間もなく、夫はまたしても家を飛び出した。

慌てて追いかけると、茨木駅の券売機の前に、夫の姿を見つけた。

「待って、どこに行くの?」

財布を開けて、小銭を券売機に入れようとする夫の手を止める。

「うるさい！　来るなー！」

駅構内に響き渡る大声で叫びながら、持っていた財布を引っ張る。

小銭が床に飛び散る。

傍から見たら、揉み合いの喧嘩だ。

切符を買った夫が、改札を抜ける。

私もすぐさま追いかけようと改札でイコカをかざすが、チャージ残高不足で中に入れない。

「誰か、あの人を取り押さえてー。認知症なんです！」

改札の外から大声で叫ぶと、若い駅員が二人、夫を取り押さえてくれた。

慌てて切符を買い、改札をくぐる。

「離せ！　京都に行くんだ！」と言って、夫は大阪方面のホームに下りようとする。

「違う！　京都行のホームは反対！」

三人で説得するも、「みんなで俺を騙そうとして！　京都はこっちだー！」と大声を出して、駅員らの制止を振り払おうとする。

「修さん、見て。あっちにちゃんと京都って書いてあるでしょう？　騙してなんかいない。本当に京都行のホームはあっちなの」

「本当だな」

ようやく納得し、京都行のホームの階段を駆け下りた。

と、階段の途中で、夫は急に立ち止まったかと思うと、長いまつげの大きな目を何度もパチパチ瞬きさせた。

今まで見たこともない挙動。

「どうしたの？　大丈夫？」

大分、頭が混乱しているようだ。

私も一週間以上まともに寝ていなかったが、夫も寝ていないのだ。

脳も委縮しているのだ。

家に帰って寝た方が良いに決まっている。

いろんな不安が、瞬時に頭をよぎった。

しかし、「いや、これで良い」と言ったかと思うと、夫は猛スピードで残りの階段を駆け下り、ホームにやってきた電車に乗り込んだ。

この日も、夫の京都徘徊に付き合う羽目になった。


しかし、京都駅で電車を降りるやいなや、「やっぱり、茨木に帰る」と言い出し、向かい側に停まっていた電車に乗ろうとした。

「違うよ！　この電車は滋賀に行くよ。茨木行の電車は別のホームから出るから、一旦上に上がろう」

電光掲示板を指差していくら説明しても、納得しなかった。

「よし、警察に行く」

また警察だ。

でも、警察官が説明したら納得するのだろう、改札を出て駅前の交番に連れて行った。

しかし、交番に着くと、巡回中で警察官の姿はなかった。

「じゃあ、帰ろう」

夫はあっけなく自らそう言うと、踵を返して改札に向かった。

結局、京都では、駅の交番まで来て引き返しただけで、茨木に戻った。

今夜こそ寝ようと、初めての睡眠薬を飲んだ。

しかし、部屋に誰かが入ってくる、今夜は寝ないで見張っておく、と夫は寝室には来なかった。

グランドピアノの後ろに、二本の傘を広げてテントのような空間を作った中にあぐらをかいて座り込み、傘の前には金槌等の鈍器を並べていた。

正直、恐ろしい光景ではあったが、もう本当に疲労困憊していた。

夫をよそに、とにかく八日振りに一晩眠りにつくことができた。

しかし、夫はグランドピアノの後ろに広げた傘の中で、一晩中、不審者が来ないか見張っていたらしい。

人間、こんなに寝ないでいられるものなのか、不思議でならなかった。

## 保健所

翌日、三月二十日、暦の上では三連休の二日目。

この日、また夫が家を飛び出した。

茨木駅に向かったようだ。

また急いで追いかけたが、駅に夫の姿はなかった。

慌てて適当に切符を買う。

ホームには、大阪方面に向かう電車が入っていた。

これに乗ったかも知れない。

扉が閉まる直前の電車に飛び乗り、一番前の車両から一番後ろの車両まで電車の中を歩き、夫の姿を捜したが、見つからなかった。

仕方なく次の駅で降り、引き返した。

改札を出て、他に心当たりのある場所を捜し回ったが見つからない。

夫のスマホに電話をかけても出てくれない。

私だから出ないのだろうか？

それとも、スマホの使い方が分からないのだろうか？

まず、岡山にいる夫の姉に電話をかけて事情を説明したが、しばらく経っても手掛かりはなかった。


夫がいなくなって、四時間が過ぎようとしていた。

そこで、最近夫とよく電話で話していた昔のバンド仲間の森上剣氏と、夫と信頼関係にあった鹿児島の吹奏楽指導者、上ノ原忠幸氏に、夫がアルツハイマーであることを告白し、夫が私からの電話には出ないので、夫のスマホに電話をかけて欲しいと頼んだ。


しかし、一向に夫との連絡は取れないまま、辺りは暗くなってきた。

八日振りに一晩眠れたとは言え、疲労がまだ取れていない重い体を引きずって、またしても捜索願を出しに茨木警察署に入った。


警察署で、改めて事情を説明する。

すると、生活安全課の警察官から、連日深夜に大阪市内で保護され、知らない女性の鞄を奪い取ろうとして一一〇番通報までされており、これ以上放っておいたら事件や事故になり兼ねない、警部補が探してくれた病院の予約日まであと二週間以上も待てない、連休明けに保健所に連絡しましょう、と告げられた。

医療機関も地域包括支援センターもダメなら、保健所という手があったのか、保健所でようやく助けてもらえる、と安堵した。

今まで、助けてもらえるところは、警察以外になかった。

「私たちには、子供がいないんです。関西には、親類縁者は一人もいません。私一人では、もうどうしようもありません。保健所に助けてもらえるなら、ぜひお願いします！」

警察官にお礼を言って、警察署を出た。

家に帰ってしばらくすると、夫がふいに帰ってきた。

聞けば、高槻駅の改札で、目の前を通り過ぎて行く人たちに、ずっと手を振って挨拶していたのだと言う。

「改札には、Aさんも、Bさんも、Cさんもいた。でも、誰も俺には声をかけられなかった。皆、誰かに脅かされている」と、夫は悲しそうに語った。

この頃には、夫の症状はさらに悪化していた。

全くの赤の他人を、自分の知り合いだと思い込むことが、益々顕著になっていたのだ。

夫は道ですれ違う人たちに、片手を挙げて挨拶をするようになっていた。

しかし、相手は夫のことを全く知らないので、当然のことながら、何も反応せずに通り過ぎる。

そのことが夫を悲しませ、「皆、俺と話さないように、脅かされている」と思い込ませていた。

また反対に、すれ違う人を自分に悪さをする知人だと思い込み、すれ違いざまに、いきなり「馬鹿野郎！」と怒鳴りつけることもあった。

いきなり怒鳴られた方も、よっぽど気分が悪かっただろうに、よくぞ逆切れして夫に危害を加えずに済んだものだと思う。


そうかと思うと、外ですれ違う人全員が「自分を狙っている！」と、やたら怯えることもあった。


翌日、三連休の最終日、三月二十一日にも、私のオンラインレッスン中に夫は家を出た。

半日、あちこち夫を捜したが、見つからなかった。

夕方になり、また警察に行くべきかどうか悩んでいたところに、夫が帰ってきた。

聞けば、ＡＴＭで現金を下ろす目的で、梅田へ行ってきたと言う。

ＡＴＭなら茨木にだってあるし、休日は手数料が余計にかかるのだが、そういうことも分からなくなっていた。

「ＪＲも民営化してから益々酷くなっている。電車のホームが滅茶苦茶なんだ。あちこち走り回って疲れた」と、夫は語った。

最近の駅での夫の様子から、電車の行先で混乱したであろうことは、容易に想像がついた。

実際、夫のズボンのポケットからは、改札を通したもの、通していないもの、合わせて四～五枚の切符が出てきた。

全く聞いたことのない駅名が書かれた切符もあった。

一体、どこをどう回って家に戻ってきたのか、推測することすらできなかった。

走り回って夫もよっぽど疲れたのだろう、まるで家畜のごとく物凄いいびきをかいて、夫は眠りについた。

夫も一週間以上もまともに寝ていないのだ。

疲れ切っているのは当然だろう。

この夜、徘徊の心配がないのは有難かったが、一晩中鳴り響く夫のいびきで、私は一睡もすることができなかった。


連休が明けた翌日、三月二十二日、保健所から連絡が来た。

これで、ようやく助けてもらえると安堵した。

しかし、話をよくよく聞いて、「保健所に連絡する」ということの本当の意味を知った。

「保健所に連絡する」ということは、「精神病院に入れる」ということだったことを、この時、初めて知った。

夫に病院で治療を受けさせたかったたし、もう私一人では夫の面倒を見るのは限界だった。

入院は、ある意味有難かった。

しかし、まさか精神病院とは…。

いわゆる、あの鉄格子の部屋に入れられてしまうのだろうか？

この世で、この宇宙で、一番大好きな人を、精神病院に入れてしまうだなんて、考えただけでも悪夢だった。

しかし、確かに夫は、もうすっかり狂ってしまっていた。

毎日、毎瞬間が、まさに狂気の沙汰だった。

この状況を打開する策は、もう他には見つけられなかった。

仕方がなかった。

覚悟を決めて、入院に同意した。

三月二十四日十一時、A精神病院に医療保護入院決定、と告げられた。

## 入院まで

入院まで、後二日。

早く助けが来て欲しいのは山々だったが、夫と暮らせる日は、あと二日しか残されていない、ということでもあった。

アルツハイマーは治らない、徐々に脳が委縮していずれ寝たきりになると、ネットに書かれてあった。入院したら、もう二度と夫は家には戻れないかも知れない。

残された後二日、夫との最後の結婚生活、二人だけの時間を、大切に過ごしたかった。


しかし、そんなことは全く知らない夫は、相変わらず、一日に何度も家を飛び出した。

家からすぐ出られないよう、玄関に障害物を置いてみたり、靴を隠してみたが、サイズの合わない私の靴を無理矢理履いてまで出ていく始末だった。

ドアにもっと細かい細工をしたいところだったが、夫のいるところで、そんな作業はできなかった。

「俺の金を盗んだ！」と夫が益々激高しないよう、夫の財布には手を付けなかったが、ここまできたら、と夫の財布を取り上げた。

しかし、引っ張り合いとなった財布はすっかり壊れてしまい、すぐ中身が出てしまう危険な状態になったのにも関わらず、それを持って外に出ていった。

もうこうなったら、お別れになる前に夫の好きにさせてあげようと、八時間にも渡る夫の徘徊にも付き合った。夫はひたすらＡＴＭを探していたようだったが、茨木市内をただただ歩き回った。

認知症を発症するまで、夫が泣いたところなどほとんど見たこともなかったが、この頃には、夫は一日に何度も泣き出すようになっていた。

静かに涙をぽろぽろ流すこともあれば、いきなり「わーっ！」と号泣することもあった。

そんなドタバタの限られた時間の中で、密かに入院の準備も進めなくてはならなかった。

保健所から、アルツハイマーと診断した脳神経外科やその後検査を受けた心療内科から、紹介状を書いてもらうように、との連絡があった。

脳神経外科からは、問題なく紹介状と脳のＭＲＩ画像が入手できたが、心療内科は、警察沙汰になったのなら関わりたくない、と紹介状は書いてもらえなかった。

その後も、何度か保健所と電話でやり取りしたのだが、その中で、保健所の職員が「心療内科の治療を、奥さんがやめさせたそうですので…」というフレーズを発した。

「は？」と思いながらも最初は黙って聞いていたものの、職員が何度かそのフレーズを繰り返すので、「ちょっと待ってください！」と、話を遮った。

「心療内科は、私が夫の治療をやめさせたと保健所に言ったのですか？　そうだとしたら、非常に心外です！

そんな事実はありません！　心療内科には決まりごとがあって、私は一度もここの医師と会ったこともありません。夫からは、医師がもう通院しなくても良いと言ったと聞いています。夫のことを治療して欲しいとずっと思っているのに、そんなことを言うなんて、酷過ぎます！」

夫の症状が重くなったことに対する責任逃れの言い訳にしても、あんまりだ。

この期に及んで、こんなことを保健所に言うなんて、憤りしか感じられなかった。

## 入院前夜

夫と離れ離れになる時が、確実に近づいていた。

最後は、二人で穏やかに過ごしたかった。

三月二十三日午後、夫は落ち着いていた。

昔のアルバムを引っ張り出して、夫と二人で見た。

私と結婚するずっと前の写真。

私の知らないことが、まだまだあった。

今のうちに、夫の記憶がすっかりなくなってしまう前に、一つでも多くのことを、夫から聞いておきたかった。


それから、「一緒に歌おう」と夫を誘い、私はピアノを弾いた。

夫が作詩作曲した「夢の島　愛の街　ヴェネチア」。

コロナのステイホーム期間、夫の徘徊が始まる前は、毎晩、夕食の前に二人で歌っていたものだった。

バロックより前の時代、西洋音楽の中心はヴェネチアだったとある本に紹介されていたのを読んで以来、夫はヴェネチアに行きたがった。

二〇一六年、私が旅程を組んで、夫と初めてヴェネチアを訪れた。

到着したその日から、夫はヴェネチアの虜になった。

そして、旅行から帰ってすぐ、夫はこの曲を書いたのだった。


そして最後に、私はどうしても夫の打楽器とでアンサンブルをしたかった。

スネアドラムを夫に叩いてもらい、私が電子オルガンを弾いた。

曲は、私が大好きな、ダリダとアランドロンの歌でヒットした「パローレ、パローレ（甘い囁き）」。

いかにもフランスの香り漂うボサノヴァのこの曲は、夫と訪れたパリのモンマルトルの風景や、シャンソニエを思い起こさせた。

上手く演奏できたので、録画しようとビデオカメラを準備したが、もうその頃には、夫の集中力はなくなっていて無理だった。


夫の古くからの親友、岡山の吉市幹雄氏にも電話を入れた。

吉市氏と夫は、たまたま郷里も同じ岡山で、ＰＬ吹奏楽団で知り合って以来、互いに信頼し合い、協力し合ってきた仲だった。

吉市氏と夫はタッグを組んで、岡山のある高校の吹奏楽部の指導にあたり、七十〜八十年代、その高校を吹奏楽コンクール全国大会金賞などの好成績に導いた。

八十〜九十年代には、吉市氏が指揮する岡山ノートルダム清心女子大学オーケストラクラブで、夫が打楽器指導とティンパニー演奏を受け持ち、その後も吉市氏は夫の作品を積極的に演奏してくれた。

ベランダに出て吉市氏に電話をかけ、夫に聞かれないよう、急いで事情を説明する。もしかしたら、これが夫との最後の会話になるかも知れないと付け加え、夫に電話を代わった。


夜は、夫が一番好きな夕食のメニュー、トマトソースのペンネを作った。ちょっと冷めてしまったが、それでもおいしいと喜んで食べていた。


入院前最後の夜は、このまま良い思い出と共に穏やかに終えたかったが、そうはいかなかった。夕食後、夫はどうしても昔の知人に会いに、交番に行くと言って聞かなかった。交番で何度か対応してくれたある警察官のことを、夫は昔の音楽仲間の一人だと思い込んでいたのだ。どうしても会いに行きたいと言うので、夜八時、夫と交番に向かった。ところが、交番に着くと、夫はいつものように「妻が通帳を盗んだ！　妻からひどい目に遭っている！」と警察官に訴え始めた。

何とか夫を交番から連れ出したが、夫は路上で私に「来るなー！」と傘を振り回して暴れ始めた。通りかかったサラリーマン風の男性が、「ちょっと、あなた！　何してるんですか？　女性に暴力なんかふるって！」と、夫の腕を掴んだ。

「すみません！　この人、認知症なんです」

男性は、困惑していた。

一時間程路上で夫と大格闘した末、ようやく家に戻った。

入院したら、いつお風呂に入れるのか分からない。

遅くなったが、夫をお風呂に入れて寝かせた。

ほどなくして、夫が寝息を立てた。

眠ったようだ。


しかし、また夜中に起きて、家を飛び出す可能性もあった。

靴を全部洗濯機の中に入れて、隠した。

そして、玄関ドアにはチェーンをかけ、更にそのチェーンに南京錠をかけ、チェーンが外れないよう細工した。

私も寝たかったが、明朝には入院だ。

A精神病院の医師に、夫のこれまでの経緯を説明しなくてはいけない。

経緯を文章にまとめるべく、パソコンに向かった。


深夜三時、パソコンに向かっている最中だった。

夫がいきなり起き出した。

案の定、服に着替えて外に出ようとした。

すると、靴がないことに激怒した。

更に、玄関ドアのチェーンが外れないことに、怒り心頭だった。

南京錠で細工したチェーンのせいで、玄関ドアは、ほんの五センチ程度しか開かなかった。

「この野郎！　こんなことをしやがって！　靴を出せ！　鍵を外せ！」

玄関ドアの前に立ちはだかった私の背後から、夫が本気で私の両腕をねじり上げた。

後にも先にも、夫から暴力を受けたのは、この時だけだった。

「キャー！　痛い！　やめてー！」

あまりの痛さに、大声で叫んだ。

わずかに開いた玄関ドアから、マンション中に私の叫び声が響き渡ってしまった。

私は、翌月、夫が昔ハープの為に作曲した「星の歌」という作品を、ピアノで初演することになっていた。

ハープ用に書かれたこの曲をピアノで演奏しようとすると、ハープのグリッサンッドの部分を実音で弾かなくてはならないなど技術的に難しいところがあり、コロナの期間中、二年かけて練習を重ねてきたのは夫も知っていたはずだが、もう忘れているのだろうか。

夫を喜ばせたくてずっと練習してきたのに、これ以上腕をひねり続けられたら、来月の「星の歌」の初演はできなくなるのに。


夫はようやく私の腕から手を放したが、今度は玄関に置いてあった二本の傘をそれぞれ左右の手で垂直に握り、二本の傘の先で、私を威嚇し始めた。

すると、玄関ドアに二本の傘の柄の部分が当たって、ゴンゴン…と言う音を立てたのだが、そこはプロの打楽器奏者、傘の柄が玄関ドアにぶつかる音を、メトロノーム一六八の速さで正確にテンポ良く刻み出した。

そして、そのリズムに合わせて、玄関ドアの隙間から外に向かって、「私は命を狙われていまーす！　助けてくださーい！」と叫び出した。

そのうちやめるかと思いきや、全くテンポを崩さずに十分以上、リズムを刻みながら叫び続けた。

傘の先がこちらを向き、手の出しようがない。

もう成す術もなく、狂った夫を呆然と眺める以外になかった。

そのうち、マンションの住人数名が、私たちの部屋の前にやってきた。

「一体、何時だと思っているんですか⁉」

以前、警部補から言われた言葉を思い出していた。

「暴力をふるうことがあったら、躊躇せずすぐ警察を呼ぶように」

あと数時間で入院だった。

もう入院まで警察にはお世話にならずに済ませたかったが、私では夫を止めることはできない。

これ以上、ご近所に迷惑をかけられない。

仕方なく、また茨木警察署に電話した。


しばらくして、二人の警察官が我が家にやってきて、二十〜三十分続いた夫の傘の柄による玄関ドアのリズム打ちは、ようやく止まった。

毎日の徘徊で部屋を片付ける暇も全くなく、恥ずかしいくらいに家の中は散らかり放題だったが、部屋に上がっていただいた。

この時も、警察官は優しく夫に寄り添いながら、どうでもよい夫の話に一時間程付き合ってくれ、夫もすっかり上機嫌となり、明るくなり始めた頃、警察官らは帰っていった。

結局、警察には入院直前までお世話になったのだった。

# 入院の朝

警察官らが帰ると、もう朝だった。

いつものように、通勤ラッシュが始まる。

家の前を、大勢の人々が行き交った。

赤の他人を知り合いだと思い込んでいた夫は、ベランダに出ると、表を行き交う人々に向かって大きく両手を振り続けた。

それはまるで、世間のみんなにお別れをしているかのようにも見えた。

しかし、誰も夫に手を振って返してくれる人はいない。

ベランダに干してあったバスタオルで、夫は何度も涙を拭いていた。


十一時までに、夫をA精神病院まで連れて行かなくてはならない。

夫には、二日前から言い聞かせてあった。

「二十四日の十時に市の職員さんが迎えに来るから、一緒に病院に検査に行こうね」

「俺を無理矢理病院に連れて行く気だろう。俺はどこも悪くない！」

「この前、私も救急車で病院に運ばれたでしょう？　だから、二人とも病院で検査が必要なの」

しかし、夫はまだ疑っていた。

夫は常々、信頼を寄せていた岡山に住む姉に会いたいと話していたので、「お姉さんも病院に来るんだって。

お姉さんに会えるから、病院に行こう」と言って、説得した。

そして、義姉にも口裏を合わせてもらった。

「病院の待合室で待ってるから、来てね」

電話で義姉は夫に言った。


朝ご飯を済ませ、予定通り、準備ができた。

しばし、二人で食卓の椅子に腰かけ、静かな時間を過ごした。

この部屋で暮らし始めて十五年。

夫とこうやってこの部屋で過ごすのも、もうこれで最後かも知れない。

最後に「もう一回、歌おう」と夫を誘い、私がピアノを弾いて、「夢の島　愛の街　ヴェネチア」を一緒に歌った。

歌い終わると、丁度、保健師が迎えに来た。


三人で駅に向かった。

夫も穏やかに保健師と雑談をしながら歩みを進め、病院行きは上手くいくかに思えた。

しかし、タクシー乗り場に着いて、様子が変わった。

「あれはタクシーじゃない！　あんな車には乗らない！」と、夫が言い出した。

ここで、ぐずぐずしている時間はない。

保健師には、私と一緒に夫をタクシーに押し込んで欲しいところだったが、保健師は「そうですか。では、別のタクシー乗り場に行きましょう」と、悠長に駅反対口のタクシー乗り場に誘導した。

認知症の患者には、無理強いはせず穏やかに、本人が納得するまで時間をかけ気長に接していかなくてはならないということを知った。

しかし、駅反対口のタクシー乗り場に着いても、夫は頑としてタクシーに乗らなかった。

そして今度は、病院には電車で行く、と言い出した。

するとまた保健師は、「そうですか。では、最寄りの駅はA駅ですので、そこまで行きましょう」と、夫を誘った。

しかし、夫は「A駅じゃない！　B駅だ！」と言い張った。

保健師が、病院の最寄駅はA駅と書いてある、とスマホを見せるが、夫は納得しない。

「それなら、家に帰る！」

夫は本当に家に帰ってしまった。

家に戻った時点で、もう既に入院予定時刻の十一時になろうとしていた。

まずは、A精神病院に電話をかけ、到着が大分遅れそうなことを伝えた。

そして、岡山の義姉に電話をかけた。

義姉は、夫に「病院の待合室で待ってるよ。早く来て」と言ってくれた。

ようやく、夫は再度玄関の外に出た。

どうしても電車でB駅まで行くと言って聞かないので、保健師がB駅でタクシーに乗りましょうと提案した。

大分遠回りになるのだが、仕方なかった。

B駅に向かうべく、三人で改札を通ったが、またしても夫が混乱し出した。

「B駅はこっちだ！」と、反対方向に向かう電車のホームの階段を一目散に下りると、ホームに停まっていた電車に飛び乗ってしまった。

仕方なく、私たちも後を追ってその電車に飛び乗った。

私たちを乗せた電車は、A精神病院とは反対の方向にどんどん進んで行ってしまった。


電車はしばらく進んだ。

ある駅に到着した。

「ここがB駅だ」

全く違う駅で、夫は電車を降りた。

駅前に出てタクシー乗り場に連れて行くが、またもや「これは、タクシーじゃない！」と乗車を拒否し、駅からどんどん離れて歩き始めた。

私と保健師が、夫の後を行く。

車があまり通らない道。

タクシーは、益々見つかる気配がなかった。

歩き出して二十分程経った頃だっただろうか、遠くから流しのタクシーがやってくるのが見えた。

走って手を挙げて、そのタクシーを停める。

「こっち、こっち！」

夫と保健師を追い立て、半ば無理矢理タクシーに乗せることができた。

しかし、病院までかなり離れた所に来てしまっていた。

ここからでは、病院に着くまで相当時間がかかりそうだった。

## 入院

予定の入院時刻から、既に一時間半も過ぎていた。

なかなか前に進まないタクシーにイライラしていると、車窓からA精神病院が見えてきた。

タクシーが病院に着いたら、もう夫とはお別れなのだ。

もう一緒に暮らせることはないのだ。

本当に好きな人と結婚できたのに、まさかこんな風に結婚生活が終わるなんて…。

思わず、夫の手を握る。

涙がどんどんどんどん溢れ出てくる。

今までの人生の中で、こんなに涙が出てくることはなかった。


やがて、タクシーはA精神病院に着いた。

入り口には別の保健師と看護師が、神妙な面持ちで待ち構えていた。

病院の中に入って受付に行くと、さっと看護師が駆け寄ってきて小声でささやいた。

「今日は、何と言ってご主人をここに連れてきたのですか？」

「病院で二人で検査を受けよう、岡山のお姉さんも病院で待っているよ、と言って連れてきました」

すると、看護師は「はい、ご主人さんはこちらで検査、奥さんはこちらの部屋で検査です」と手際よく夫を誘導。

認知症患者には、不安を煽らないよう口裏を合わせて対応する。

さすがプロだと感心した。


私が誘導された先に現れたのは、見るからに頼りがいのある優しそうなA先生だった。

今まで夫を診た医師が医師だっただけに、心から安堵した。


別室で行われていた夫のPCR検査、結果は陰性。

いよいよ入院の時。

「病室に入る前、最後に会ってください」

A先生に促されて、廊下に出る。

修さん…。

頭には、私が買ってあげたお気に入りのよそ行きの紫色の帽子。

そして、引っ張り合いの末、紐やジッパーが引きちぎれてしまったお気に入りのアンマの鞄を、「誰にも渡すまい！」とばかりに、しっかり両腕で胸に抱きかかえていた。


そのアンマの鞄の中に入っていたものは、十数年もかけてようやく完成した、あのピウスツキの蝋管レコードの採譜楽譜の原本だった。

長いことかかってようやく完成した楽譜だったが、アイヌ文化の関係機関に報告するも、「今更、樺太アイヌの音源の楽譜は、誰も必要としない」といった冷たい反応だった。

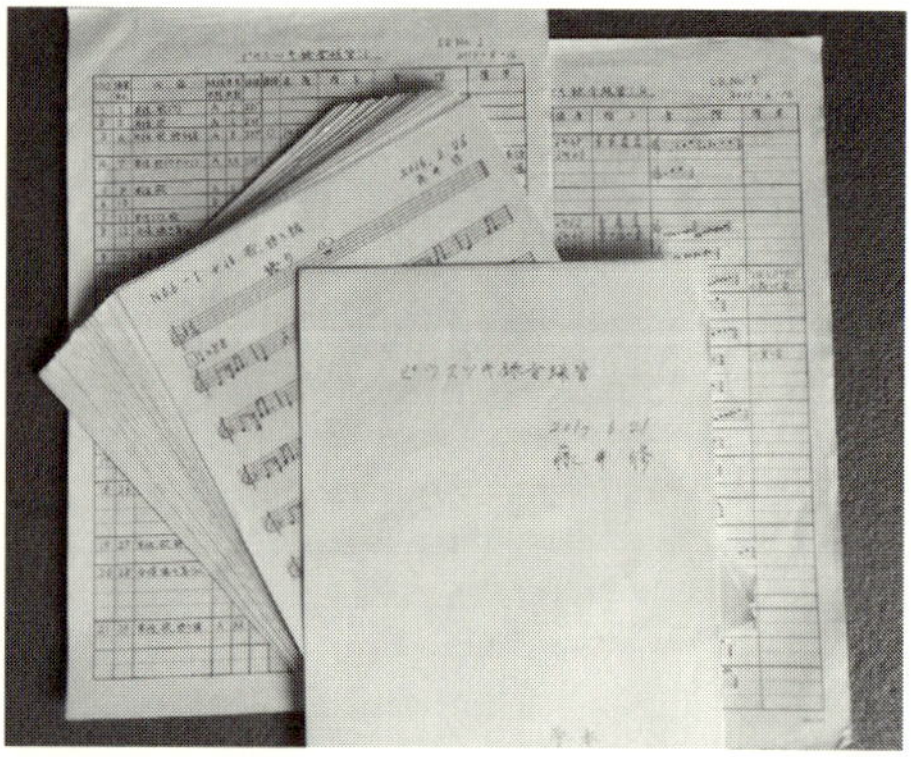
精神病院入院の際、アンマの鞄に入れて抱きかかえていた、
10数年かけて完成させたピウスツキ蝋管レコード採譜楽譜原本

しかしながら、このピウスツキの蝋管レコードに収められた樺太アイヌのユーカラの音源は、歴史的価値のある音源の永久保存国家のプロジェクトの第一号に選ばれ、音源と共に採譜楽譜も国の永久保存となることが決まった。

苦労して書き取ったこのピウスツキの蝋管レコードの楽譜は、世間では全く評価されなかったが、「誰もなし得なかったピウスツキ蝋管レコードの採譜を、自分が完成させた。そして、その楽譜が国の永久保存に決まった」ということが、本人のささやかな誇りとなっていた。

そんな大事な大事な楽譜の原本。

持ち歩いて紛失しないよう家に保管しておいたら良いものを、通帳同様、私に盗まれまいと、すっかり壊れてしまったアンマの鞄に入れて、しっかり胸に抱えていたのだった。

そして、おどおどしながら、あの長いまつげの大きな瞳をぱちぱちさせて、こちらを不安そうに見つめていた。

認知症を発症するまでは見たことのなかった、このしぐさ、この表情。

不安でいっぱいな時に見せるものだった。

思いっきり抱きしめたかった。

でも、人が周りにいたせいもあり、何も言えず、夫の目を見つめて両手を握ることしかできなかった。

もう私独りでは手に負えないくらい狂っていた。

この一ヶ月、まともに寝ることさえできていなかった。

横になることすらままならなかったのだ。
本当は離れたくない。
ずっと一緒にいたかった。
でも、もう無理。
ごめんね、修さん!
「それでは、行きましょう」
看護師が、夫の両脇を抱えて連れて行く。
夫は、いわゆる〝檻の中〟に連れて行かれるのだ。
ああ…。
嗚咽が止まらない。
大量の涙が溢れ出て、前が見えない。
夫の後ろ姿を見送ることはできなかった。

## カルマ

狂ってしまった夫に、休む暇もなく翻弄され続けた嵐のような日々は終わった。
独り、誰もいない静まり返ったマンションの部屋に帰る。
まずは寝なくては。
この一ヶ月、ほとんど寝ていないのだ。

このままでは病気になる。

しかし、体は疲れ切っているのに、眠ることができなくなっていた。

夫に振り回されて、無理をして起き続けていたからなのだろうか、体が眠ることを忘れてしまったかのようだった。


夫は、まだ死んではいない。

同じ大阪で、生きているのだ。

生きてはいるけど、もはや今までのあの人ではない。

音楽家としても、人間としても、心から尊敬できたあの人ではない。

ユーモアに溢れ、愛情を持って優しく私を導いてくれたあの人は、もういない。

いわゆる〝檻の中〟に入れられ、私を「悪人だ」と恨んで憎んでいるのだ。

もう修さんは、いなくなってしまったも同然だ！

本当に好きな人と結婚できて、夢のようだったのに。

こんな風に結婚生活が終わってしまうなんて！

ああ！


独り台所に立って食事の準備をしている最中、急にそんな思いに駆られては、いきなり「ギャー！」と声を上げ、誰もいないマンションの部屋で、号泣する毎日が始まった。

しっかりしなくてはいけないのは、分かっていた。

私たちには、子供はいない。

年の順から言えば、夫もいつかいなくなる。

いずれ独りで生きていかなくてはならないのは、以前から分かっていた。

しかし、その時期がこんなに早くやってくるなんて。


アーユルヴェーダの延長で、少しかじった「インド占星術」。

「インド占星術」によると、私はこの時まさに、「サディサティ」と呼ばれる人生の困難期の真只中にいた。

「サディサティ」とは、いわゆる「カルマの解消期」だ。

「カルマ」とは、過去世で自分がしたことは、いずれ自分に返ってくる、というインド哲学の考えだ。

カルマを解消するには、困難を乗り越える以外に根本的な方法はない。

この「カルマ」について考える時、いつも思い出されるのは、チベット仏教の最高指導者、ダライ・ラマ十四世のことだった。


数年前、私はダライ・ラマ十四世のインタビュー記事を手にした。

その中に、「あなたは中国に対して、本音のところ、どう思っているのですか?」という質問があった。

これは、まさに長いこと私が知りたいと思っていたことだった。

というのも、三十年程前、私はチベット自治区を訪れ、チベットで起きていた現実の一端を目の当たりにした。

守り継いだ国や文化が奪われ、他国への永住を余儀なくされたダライ・ラマ十四世。

中国に反撃することなく、隣人として対話での解決を目指し、ノーベル平和賞を受賞したのは周知の通りだが、あんなことをされたら誰だって怒らずにはいられないだろうに、と不思議に思っていたのだ。

質問に対するダライ・ラマ十四世の答えは、何と「これは、チベットのカルマです」だった。

過去世で、儀式を怠り、内部での政権争いをしたツケが、現世でこのような困難として返ってきたのだ、このカルマを解消するには、この困難を受け入れて乗り越える以外にない、と。

驚いた。

「カルマの法則」、知ってはいたが、愕然とした。

人間を超えている。

これが、インド哲学、仏教の根本にあるのだと、改めて気付かされた。


以来、辛いことがあると必ず思い出されるのは、ダライ・ラマ十四世のことだった。

「辛いけれど、これはカルマだ。カルマを解消するには、困難を受け入れて、乗り越えなくては。祖国を失ったダライ・ラマ十四世の苦悩に比べたら、大したことではない」と思えるのだった。


四月二日には、夫の作品「星の歌」をピアノで初演することになっていた。

とはいえ、もうここ一ヶ月、まともにピアノを弾けてはいなかった。

演奏会出場を辞退するのが、無難にも思えた。

恐る恐る「星の歌」を弾いてみる。

怪しい部分はあるが、何とか暗譜で弾き切れた。

後一週間頑張ったら、いけるかも知れない、と手応えを感じた。

今まで二年間、この曲を練習してきたのだ。

初演を動画に撮って、病院にいる夫に聴かせてあげよう。

これからは、独りで生きていかなくてはならないのだ。

しっかりしなくては。

その手始めとして、一週間後の演奏会で「星の歌」を弾くことに決めた。

## 演奏会

残された一週間、本番に向けて、独りピアノに向かって練習した。

夫の曲を演奏すると、曲にまつわる様々なことが次々思い出されて、悲しみが押し寄せてくる。

弾きながら涙が流れてくることもあったし、声を出して泣き出してしまうこともあった。

しかし、本番まで時間がない、泣いている時間があったら練習しなきゃ、と悲しみを押し込めて、ただ黙々とピアノに向かった。


コロナ禍になって以来、人前で演奏するのは初めてだった。

舞台に出て弾くのは二年振り、本当に久し振りだった。

まして初めて弾く曲、本番当日は、どうにかなってしまいそうなくらい緊張した。

しかし、舞台に出てみると、舞台の上のピアノが、優しく私に微笑んで迎え入れてくれたように感じた。

こんな感覚になったのは、初めてだった。

そして、本番では「星の歌」をきちんと弾き切ることができた。

「修さん、やったよ！」

　心の中で叫んだ。


その晩は、独りで密かに、演奏が上手くいった充足感を味わっていた。

人前で演奏することは、かなりのエネルギーを要する。

すっかり疲れ切っていたが、この晩もほとんど眠ることができなかった。


そして翌朝、鏡の中の自分の顔を見て驚いた。

まるで目が開いていないかのように、瞼が腫れ上がっていた。

いや、瞼だけではない、顔全体が一回り大きくむくんでいた。

そして、全身には、赤いブツブツができていた。


まずは、内科を受診した。

検査をしたが、特に異常はなかった。

ただ、元々四十キロあった体重が、三十六キロにまで減っていたのには、自分でも驚いた。

そして医師は、私の酷くむくんだ顔を見て驚いた。

「寝不足やストレスで、そこまで顔が酷くなりますかねぇ」

とにかく、一ヶ月以上まともに眠れていないことを告げ、睡眠薬を処方してもらった。

全身のブツブツは、ウイルス性の発疹だ、と皮膚科で診断された。

免疫力が落ちている時に出てくるものらしい。

とにかく、かなり無理をし続けていたことだけは確かだった。

## 睡眠障害

ウイルス性の発疹は投薬で治ったが、眠れない夜は、この後もずっと続いた。


内科から処方された睡眠薬は、全く効かなかった。

市販の睡眠導入剤もいくつか試したが効き目はなかったし、代替医療のホメオパシーやフラワー・レメディ、アーユルヴェーダのハーブも試したが、ダメだった。

そもそも、入眠することができなかった。

たまにようやく入眠できたとしても、二〜三時間後には目がすっかり覚めて、再び眠ることはできなかった。


独り横たわる布団の中。

今までは、手を伸ばしたら夫がいた。

そこにあったはずの夫のぬくもりはなく、冷たい感覚だけが残った。

暗闇の中で、独り目をつぶる。

夫は、病院の中でどうしているのだろうか？

そして、夫は、私は、これから一体どうなるのだろう？

今まで通り入出金ができるようになった三行の夫の銀行口座だったが、あの後、夫がまた「通帳がなくなった！」と銀行に申し出たので、そのうち二行の入出金が、またできなくなっていた。

夫が、精神病院から出られる見込みはない。

それどころか、夫の認知症は進む一方なのだ。

前回のように、夫を銀行の窓口に連れて行って、本人に手続きをさせることができるとは思えなかった。

入院費は、一体いくら請求されるのだろうか？

そして、これからの介護に、一体どのくらいのお金が必要になるのだろうか？

夫の年金が使えなくても、病気の夫を抱えて生活できるのだろうか？

一体、私は、今何をすれば良いのだろう？

どう生きていったら良いのだろう？

将来への不安ばかりが頭をよぎり、押し潰されそうだった。


そしてもう一つ、暗くなった部屋の中で、私を悩ませることが起こった。

恐らく、少数派の人にしか経験がないことだろうし、一般には信じ難いことであろうと思うが、どうも「霊障」に憑かれたようだった。

私自身に、元々ＨＳＰやエンパスの傾向があるようなのだが、過去に何度か霊障が憑いていると指摘を受け、取ってもらった経験がある。

ある人の説明では、死んだことが受け入れられずに成仏できない霊が、自分の気持ちを分かってくれそうな人に憑くことで起きるのだそうだ。

あまりに疲れ切って、悲しみに暮れ、不安に苛まれていたのだから、同じような気持ちで彷徨っていた霊に憑かれるのも、無理はないように思えた。

夜、就寝しようと部屋の電気を消し、布団に入ると、部屋のあちこちから「パチン!」「バン!」と、大小様々なラップ音が鳴り始めるのであった。

そしてある夜、「ギ、ギ、ギ、ギー…」と恐怖を掻き立てる音を立てながら、閉めていたはずの扉がゆっくり勝手に開くと、枕元に置いていた買ったばかりのスマホの画面が、勝手に明るく光った。

もうこうなったら、毎晩就寝時間が恐ろしく、益々眠れる状態ではなくなった。

かくして、私は完全なる睡眠障害に陥った。

## 講座

夫が入院して、自分の時間がようやく取れるようになり、私はあちこちの認知症に関する講座にも参加した。コロナ禍でほとんどの講座はオンラインだったが、対面のものもあった。

そこで、私は初めてアルツハイマー型認知症とはどういうものなのかを知った。

アルツハイマー型認知症には、「中核症状」と「行動・心理症状」(BPSD)という二つの症状が現れる。

「中核症状」というのは、徐々に脳細胞が死ぬことで、記憶がどんどん失われていく症状。

発症の十年以上前から、徐々に始まっているのだそうだ。

そして、これは現代の医学では、治すことができない。

個人差はあるようだが、発症から十年程かけて、徐々に家族の顔も、食事のことも、トイレのことも分からなくなって、寝たきりになって死んでいくという。


そして、「行動・心理症状」（BPSD）というのは、記憶が消えることからくる混乱などによって引き起こされる妄想、抑うつ、興奮、徘徊、不眠、幻覚、意欲の低下などの精神的な症状。

認知症の人というのは、何も分からなくなってただボーっとしているだけなのかと思いきや、どうも記憶が消えることによって、「何かおかしなことが周りで起きている。自分は騙されているのではないか？」という思いに駆られるらしい。

そういう不安から様々な精神の異常が現れるらしいのだが、これが実際の介護では、「中核症状」より深刻に重く介護者にのしかかる。

そして、「中核症状」は治すことはできないが、この「行動・心理症状」は、周りのサポートによって軽減することができる、と言うではないか。


それが分かっていながら、どうして脳神経外科も、心療内科も、かかりつけ医も、こんな重要なことを教えてくれなかったのか。

適切なサポートをしなかったら、こんな結末になるであろうことは、医師は分かっていたはずだ。

強い憤りを覚えた。

診断を下すことだけが、医師の仕事なのだろうか？

いや、普通は癌などの重病にかかったら、本人なり家族が医師から病名を告げられるだけでなく、どんな病気で、今どの段階にあって、余命がいくらで、これからの治療の方針についてなどの説明があるはずではないか。

認知症はどうせもう治らない、何も分からなくなって死ぬだけだから、放っておけとでもいうことなのだろうか。

「行動・心理症状」をなるべく引き起こさないことが、認知症を発症しても、患者本人が穏やかに余生を過ごせるかどうかに大きく関わってくる。

「行動・心理症状」がなるべく起きないように、私が夫にどう接したら良いのか、クリニックが忙しくて説明する時間がないのなら、せめて「認知症患者のトリセツ」のような冊子でも作って渡してくれていたら良かったのに。

夫があれだけ狂ってしまったということは、裏を返せば、夫がどれだけ強い恐怖やストレスを感じていたのか、ということだ。

夫はどれだけ辛かったたか。

そして、「行動・心理症状」が引き起こされなかったら、私もこんなに夫に翻弄されることはなかったのだ。

狂いに狂って、精神病院に入れられた後にこんなことを知らされても、もう後の祭りでしかなかった。

# 入院生活

気になる入院後の夫の様子だが、入院翌日、主治医のA先生から電話があった。

まず、夫を病室に連れて行き、ベッドに腰かけ精神を落ち着かせる水薬を飲ませたところで、「藤井さん、悪いところが見つかったから入院だわ」と告げた時は、それはそれは怖い目で怒っていたそうだ。

しかし、翌日はすっかり入院患者らしく落ち着いて、問診にも素直に応じていたと聞き、まずはほっとした。


最初は症状の重い人が入る病棟にいたが、二週間程経った頃、デイサービスのようなアクティビティをする病棟に移る、と連絡が来た。

普段なら面会が許される病棟らしいが、コロナのため、病院内のモニターを通してのオンライン面会しか許されなかった。

オンラインであっても顔を見て話せるのなら、と早速予約を申し込んだが、予約枠が少なく、予約が取れたのは三週間も先のことだった。

携帯電話は禁止だったので、電話は病院を介してするしかなかった。

夫はどうしているか心配でたまらない時もあったし、とにかく寂しくて夫の声を聞きたくて、病院に電話をしては夫に繋いでもらった。

しかし、ようやく声が聞けた夫から返ってくる言葉は、私に対する恨みつらみばかりだった。

「なんで俺をこんな所に入れたんだ⁉　お前の仕業か⁉」

そして、夫に会えないのは分かっていたが、数日に一度は手紙を書いて病院に持っていき、看護師に渡してもらった。

手紙は、いつも絵葉書に書いた。

もう夫はどこまで覚えているのか分からなかったが、少しでも刺激になればと、二人の思い出の場所の絵葉書や、夫が好きだった絵画などの絵葉書を選んだ。

「星の歌」を初演したことも夫に知らせたく、演奏会のプログラムも持っていった。

作曲はもう無理だろうと思ったが、少しでも以前のことを思い出してくれたらとの淡い期待を込めて、五線紙も看護師に託した。

待ちに待ったオンライン面会。

夫は私を見たら、電話の時のように怒るのではと心配したが、夫の傍にスタッフがいたからだろうか、穏やかだった。

久しぶりに見る夫は、すっかり痩せこけて、まるで別人のように見えた。

まずは、「星の歌」を初演した時のビデオを見せる。

たった十分しかないオンライン面会。

話したいことは、たくさんあった。

「星の歌」だけで六分はかかるので、これを聴かせたらほとんど話はできなかったが、それでも上手くいった初演の演奏を聴かせたかった。

演奏を聴いた後の夫は、本当に喜んでいた。

「間の取り方が、非常に良かった」と、褒めてもくれた。

ああ、まだ「星の歌」のことは覚えていてくれた。

良かった。

喜びをかみしめながら、帰路に就いた。

## 奇跡

電話は、病院の夫からかかってくることもあった。

しかし、「俺は囚われの身だ。いつまで俺をこんな所に入れておくんだ！　早く迎えに来い！」といった、怒りに満ちたものばかりだった。


ある日、また夫から電話が来た。

しかし、電話口からは、珍しく優しい穏やかな夫の声が流れてきた。

「今日は、すごく気持ちが良いんだ。気持ちが良いから、君に電話したくなった」

「何か良いことでもあったの？」

「うん。曲を書いたんだ。書きたいものを全部出したから、気持ちが良いんだ」

耳を疑った。

確かに、曲が完成した時はいつも、「書きたいことを全部出し切った後は、気持ちが良い！」と言っていた。

でも、あんなに狂ってしまったのに、曲が書けるとは到底思えなかった。

「本当に書いたの？」

「本当だ」

「本当に？」

「本当だ」

本当だとは言うものの、夫は認知症なのだ。

どこまで本当のことを言っているのか分からなかった。

とにかく、いてもたってもいられなかった。

電話を切ると、すぐさま病院に向かい、看護師に事情を言って、夫が書いた楽譜を持ってきてもらった。


楽譜を手にして、驚いた。

そこに書かれていたのは、夫が作詩作曲した「愛のうた」という歌の曲だった。

メロディーだけでなく、ちゃんとピアノ伴奏も付いていた。

ポピュラーとしても歌えるようにとの配慮だろうか、珍しく、コードの付いたメロディー譜も別に書かれていた。

普段は曲を作るばかりで、自分で作詩まですることはほとんどないが、まさか詩まで書いたとは、驚きだった。

それも、あんなに怒りに満ちていたのに「愛」だなんて…。

思わず涙が出た。

詩を読んでみた。

「愛のうた」　詩　藤井　修

一、あなたの愛を
わたしのこころに
わたしの愛を
あなたの心に
そうしていつかは
ふたりの愛が
はなびらのように
はなひらくでしょう

二、あなたの愛を
わたしのこころに
わたしの愛を
あなたの心に
そうしていつかは
ふたりの愛が

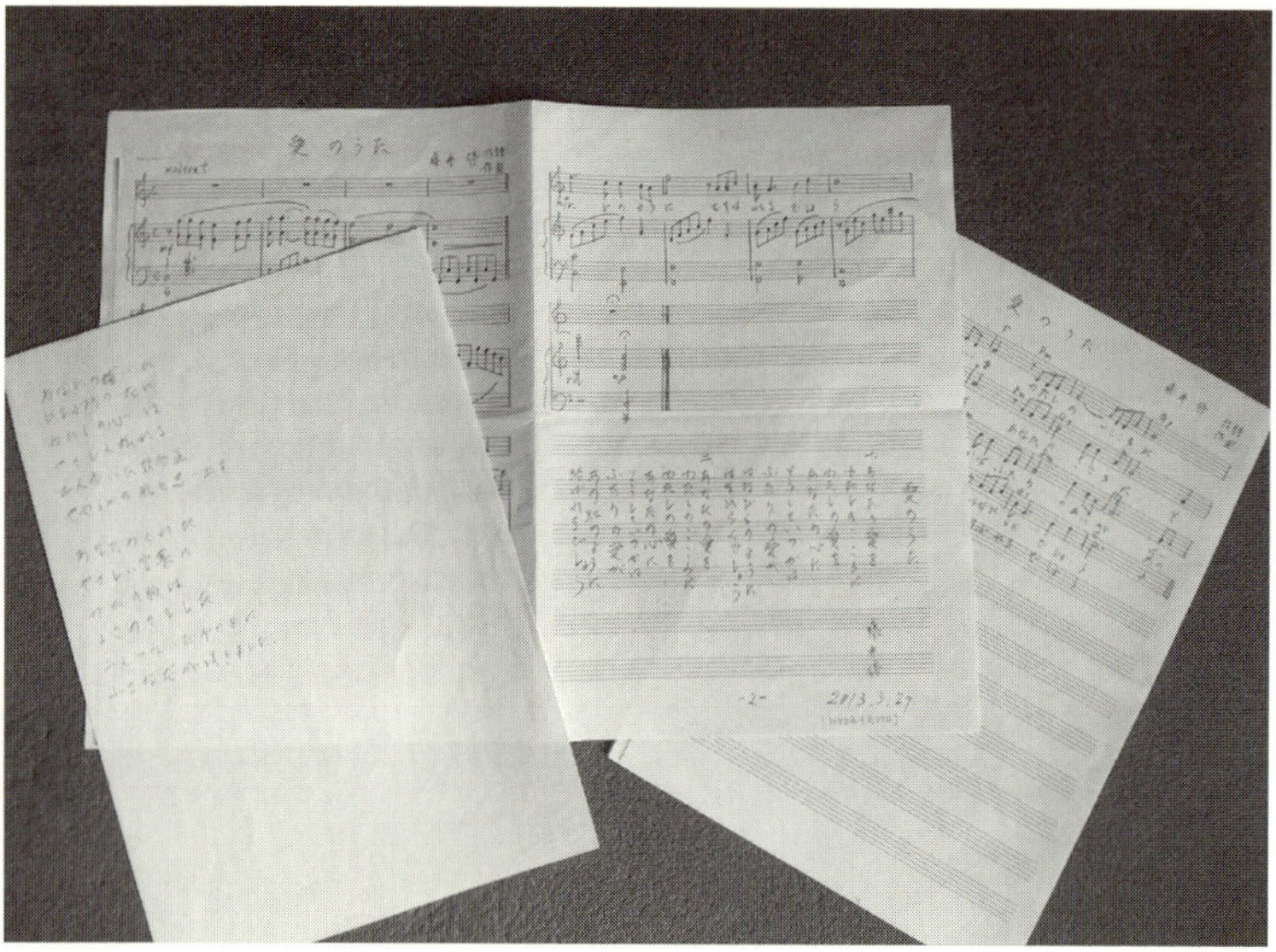


精神病院の中で初めて作曲した「愛のうた」の楽譜と、楽譜の間に挟み込まれていた詩の書かれた紙

あの虹のように
結ばれるでしょう

シンプルが故に、ただただ美しい詩に感じられた。

曲もシンプルなハ長調で、メロディーもコード進行もオーソドックスなものだったが、それが却ってストレートな表現に感じられた。

精神病院の病棟の中で、すっかり狂ってしまったあの人から、最初に出てきたのが「愛」を語る詩と曲だったとは…。

夫が私のことを憎んでいるのは分かっていた。

夫が一体誰を思ってこの詩を書いたかは、もうどうでも良かった。

私じゃなく、昔の人のことかも知れない。

もうそれでも良かった。

とにかく、夫はアルツハイマー型認知症になっても、作曲は今まで通りできるのだ！

夫が音楽においては天才的なのは分かっていたが、本当に天才だった。

夫の音楽の才能は、アルツハイマー型認知症の影響を全く受けていないのだ。

まだ曲が書けるのだ。

それも、「愛」という美しい感情を心に感じて。

私は音楽をやっているとはいえ、所詮凡人なので、夫のように楽譜を見ただけでは、曲の全容は分からない。

家に帰って、「愛のうた」の伴奏をピアノで弾いて、メロディーを自分で歌って、ようやくどんな曲なのかを把握した。

認知症患者が書いたとて、おかしな音やリズムなどどこにもない、音楽的に全く何も問題もない、きちんとした曲だった。

ただ、楽譜の下に書かれた「二〇一三年三月二十七日」という日付だけが滅茶苦茶だった。

その下に、「二〇二二年四月二十七日」と正しい日付を書き加えた。

## 作曲

夫がまだまだ作曲を続けられることが分かった。

夫の命のカウントダウンは始まっていた。

生きているうちに、脳細胞が全部死んでしまう前に、一曲でも多くの曲を書かせて残したかった。


この頃、私は家で夫の仕事部屋の整理に取り掛かっていた。

夫は元々掃除が苦手ではあったが、ここ数年、整理整頓が全くできなくなっていた。

思えば、恐らくもう既に認知症が始まっていたのだろうが、仕事部屋の中には、整理できていない重要な楽譜や資料が、どうでも良いチラシやら手紙類と共にあちこちに積み重ねられ、一体、どれが重要でどれが重要でない物なのか分からなくなっていた。

これから、私たちがどうなっていくのか全く想像もつかなかったが、夫が遠くない将来、いなくなってしまうことだけは確かだった。

夫の作品をきちんと残しておくためにも、整理をしておかないといけないという気持ちに駆られた。

整理をしていると、古い郵便書簡が出てきた。

紙の内側に手紙を書いて、三つ折りにした外側に宛名を書く、いわゆるミニ・レターだ。

手に取ると、三つ折りにされた書簡は一枚の紙としてすぐに開き、何が書かれてあるか、すぐに見える状態だった。

そこには、一九七二年、親戚の家の子供として育った夫の実兄が作った詩が書かれてあった。

夫の故郷、岡山県笠岡市には、瀬戸内海に浮かぶ数々の島、笠岡諸島があるが、そのうちの一つ、「花の島」と呼ばれている真鍋島で、花栽培の手伝いをする娘さんの様子を描いた「島の花娘」という題の詩であった。

「島の花娘」　詩　内海義郎

一、おはよう　朝の段々畑
　光の中で花を摘む
　マーガレット　カーネーション
　あの娘のほほも　バラ色に
　露も　キラリと　薫るよう
　ランランララ　花娘

二、海も静かな瀬戸内に

カスリの姿も　とけこんで
菊や　椿や　キンセンカ
坂道とおって港まで
背負って行こう　かあさんと
ランランララ　花娘

詩を書いた夫の実兄が、この詩に曲をつけて欲しいと、夫に依頼する内容の手紙だった。

恐らく、当時の夫は忙しさに紛れて、この手紙をもらったことすら忘れてしまっていたのだろう。

よし、まずこれを書かせよう。

お義兄さんにとっても、作詩者として、自分の名前を後世に残せる。

早速、病院の夫に電話をした。

「内海のお兄さんが、自分の詩に曲をつけて欲しいんだって。後でその詩を看護師さんに渡しておくから、やってね」

半ば強引にやらせた。


曲は、数日の内にあっという間にできた。

単なる斉唱の曲かと思いきや、五線紙五ページに渡るピアノ伴奏が付いた女声三部合唱曲に仕上がっていた。

この曲も単純なハ長調だったが、そこがまたストレートで、素直な娘さんの様子が表現されているように感じた。

いかにもはつらつとしたピアノ伴奏が付けられ、花に囲まれ若さはじける娘さんの明るい情景が、ありありと目に浮かぶような曲想になっていた。

こんな情景を表現するには、単なる斉唱の曲ではなく、女声三部合唱が適していると夫は思ったのだろう。

やはり、夫はアルツハイマー型認知症になろうとも、音楽の能力は冴えたままだった。

また、「愛のうた」の楽譜のコピーを取っておこうと、セルフコピー機に行った時のことだった。

楽譜をひっくり返すと、楽譜の裏に、夫の字で散文が書かれてあった。

心の窓を開ければ
あなたの笑顔見える

そして、楽譜に挟み込んであった紙には、「愛のうた」とは違った別の詩が書かれていたのに気が付いた。

あなたが描いた
ひまわりの花に
わたしの心は
やさしく揺れる
二人歩いた散歩道
やわらかな風を思い出す

あなたがくれた

やさしい言葉に
わたしの胸は
ときめきました
二人つないだ手の中に
小さな花が咲きました

この詩も、一体、夫がどういう場面を思って書いたものなのかは分からない。

しかし、思い当たることがいくつか頭をよぎった。

夫は、散歩が好きだった。

散歩では、二人でよく手をつないで歩いた。

草花の名前はさっぱり覚えられなかったが、散歩で見かけた野に咲く小さな花を、夫はよく愛でていた。

そして、事あるごとに、私はいつも夫に言っていた。

「修さんは、私にとってかけがえのない存在だよ。この世で、この宇宙で、一番大切な人だよ」

すると、夫は決まって「そう言ってくれるのは、君だけだ。そう言ってくれる人が一人いるだけで十分だ」と、神妙な顔で答えていた。

「ねえ、「愛のうた」の楽譜に、素敵な詩が挟んであったね。あれにも、絶対曲を付けてね」

また、半ば強引に曲を書かせた。

後にこの詩は、「小さな花のうた」という題名の付けられた、短い歌の小品に仕上げられた。

そうしているうちに、夫自ら「古今和歌集を持ってきてくれ。古今和歌集を題材にした作品を作りたい」と、電話をよこすようになった。

「詩に曲を付けるのではなくて、和歌に曲を付けたい。和歌よる歌曲は、まだほとんど作られていない。古今和歌集による歌曲の組曲を書く」

認知症を発症する前、西洋の偉大な作曲家を超えるには、彼らにはなくて自分にしかない「日本人らしさ」で勝負すると語っていたが、その思いはまだ消えていないようだった。

急いで古今和歌集やその解説本を何冊か購入して、病院に持っていった。

## 音楽活動

夫は精神病院の中で、創作活動に明け暮れる日々が続いた。

「とてもいい和歌を見つけたんだ。解説本も実に面白い。曲想も湧いてきた。創作している時が幸せだ」

電話から聞こえてくる夫の言葉も、以前とは変わってきた。

しかし、電話口の向こうからは、「誰か来てー！　ごはんまだー？」と女性患者の叫ぶ声が聞こえてくる。

こんな騒々しい環境の中にあっても、音楽が夫を支えていた。

やはり音楽は、夫が自分自身を保てる大きな手段なのだ。

古今和歌集を題材にして夫が書き始めたのは、組曲「やまとうた」。

ソプラノとピアノの歌曲が二曲、バリトンとピアノの歌曲が二曲の計四曲から成る組曲だ。

選んだ和歌は、恋愛に関するものがほとんどだった。

後になって、夫の書いた楽譜を見て気が付いたが、古今和歌集に触発されたのであろう、夫の自作と思われる恋愛に関する和歌が二首書かれていた。

二〇二二年五月五日
春の朝　離れし君の心観て　流す涙の悲しかりけり
美しく　又美しく美しく　君の心を観るぞ　幸せ

この様子では、夫は作曲だけでなく、今まで通り和声学のレッスンもできるに違いないと見込んだ私は、今までオンラインで夫の和声学のレッスンを受けていた生徒さんに、自宅で解いた和声課題を送ってもらい、それを私が病院に持っていって夫に添削させ、私がそれをまた生徒さんに送り返す、ということをした。

音楽において、夫がまだできることは続けさせたかった。

しかし、これにはA先生からストップがかかった。

「藤井さんは、恐らく今後はずっと施設で過ごすことになるでしょう。奥さん独りで介護は無理です。家のことを思い出させるような物は、もう持ってこないでください」

悲しかった。

しかし、深刻な面持ちのA先生と看護師の様子から、私がアルツハイマー型認知症について、きちんと理解ができていないのかも知れない。

どうせ良くなることはないのだ。

通常、入院している認知症患者に、こんなことをさせてはいけないのかも知れない。

でも、音楽において夫は普通じゃない、天才的だということも、重々分かっていた。

この日は黙って病院を後にしたが、夫の音楽の才能を私は信じていた。

## 入院中

病院の中でも、夫が嬉々として創作活動に没頭しているのは嬉しい限りだったが、入院前同様、妄想は続いているようだった。

同じ病棟に、絵の上手い患者さんがいるらしい。

夫はその人のことを、奄美大島の風景画で有名な画家の田中一村だと思い込んでいた。

また、夫がＰＬ吹奏楽団時代、師と仰いでいた指揮者、佛田光生氏が同じ病棟にいる、と主張した。

「話はしたの？」

「いいや、話はしなくても、お互い分かっている。毎日、目で挨拶し合っている」

一九七〇年の大阪万博で演奏した夫は、「二〇二五年の大阪万博に向けて、音楽家がここに集められている。これから、何かすごいことが起こるぞ」と、よく語っていた。

しかし、いつもいつも機嫌が良い時ばかりでもなかった。

どうも、病院の電話が置かれている壁には、精神病院に入院している患者の人権相談に関するポスターが貼られているらしい。

「俺は、何でこんな所に入れられているんだ！　患者の人権は守られていると、ここにも書いてある！　ここに電話をして、今すぐ弁護士に来てもらう！　そうしたら、君は逮捕だ。監獄行きだ。いいですね！」

相変わらず、怒りの電話が来ることもあった。


なぜ入院しているのか、夫に納得してもらおうと順序良く説明したところで、全く理解してもらえない。

認知症の人との会話は、ただただ堂々巡りになって、イライラさせられることが往々にしてある。

この時も、いくら説明してもあまりに激しくまくし立てられるので、耐えられずに、会話の途中でブチッと電話を切った。

五分程経っただろうか、少し気持ちが落ち着いたところで、「修さんに伝えたいことがあったから電話したのに、まだ何も伝えていないうちに切っちゃったな」と反省し、再度、病院に電話をかけた。

「すみません。夫、まだ怒っていますか？」

電話に出た看護師に聞いてみた。

「いいえ、落ち着いていますよ。座ってお茶を飲んでいます」

電話を代わった夫は、さっきとは打って変わって、穏やかだった。

この時、初めて、認知症患者への正しい接し方を知った気がした。

理路整然と説明したところで、所詮、認知症患者には理解ができないのだ。

説得するのではなく、ただ気をそらせば良い、それだけのことだった。

認知症患者が苛立ち始めたら、ただお茶を出して、「お茶でも飲みましょう」と言って座らせる。

それだけで、落ち着くのだ。

どうしてそれを、もっと早くに医師らは教えてくれなかったのか。

夫が少々おかしくなっても、穏やかに過ごせたら、それだけで良かったのに。

またしても、悔しさと憤りを感じたのだった。

## コンサートの知らせ

時は、もう五月を迎えていた。

夫のことはまだ誰にも言えないまま、私はオンラインでピアノを教えながら、音楽とは関係のないバイトにも出ていた。

これからの生活がどうなるのか、経済的な不安のある中、何でも良いから仕事をしなくてはいけなかった。

とはいえ、決められた時間、音楽と全く関係のない作業にただただ没頭していると、様々な不安や心配から離れることができ、却って気が紛れた。

また、いつか夫がお世話になるであろう介護施設の資料も集め、実際、いくつかの施設にも足を運んで見てまわった。

睡眠障害は、全くもって治る気配を見せなかった。

遂に、心療内科に通い始めた。

睡眠薬を処方してもらった。

が付いた。

「就寝直前に飲むように」との注意書きがある。

夜、そろそろ寝ようと睡眠薬を飲んだ後で、夫の楽譜の出版に関する書類を送らなくてはいけないことに気が付いた。

慌てて立ったまま書類を送る準備をしていた、その最中だった。

「カクン」と勝手に両膝が折れ、ひざまずき、目の前が暗くなった。

そうだ、私は睡眠薬を飲んでいたのだ。

まるでサスペンスドラマで使われるような、強い睡眠薬が処方されていたことに気が付いた。

狭い部屋の中で、どこにも頭をぶつけなかったのは幸いだった。

今、ここで私が怪我をして倒れても、誰も助けには来てくれない。

それどころか、入院中の認知症の夫を路頭に迷わせることになる。

これは本当に就寝直前に飲まないと危険だと察した。

この強い睡眠薬のお陰で、ようやく入眠はできるようになったのだが、毎晩二～三時間後には、またすっかり覚醒してしまうのだった。


そんな中、夫のSNS宛に、一通のメッセージが届いた。

ソプラノ歌手の田代睦美さんからだった。

田代さんと夫は、八十年代、一緒に学校公演をしていた仲間で、夫の作品演奏会にも出演していたが、ここしばらく疎遠になっていた。

「七月二日、加古川でコンサートをします。藤井さんが作曲した　やさしいア・カペラ曲集「金子みすゞの歌」を演奏します。ぜひ来てください」との内容だった。

やさしいア・カペラ曲集「金子みすゞの歌」は、二〇〇八年、大阪教育大学の寺尾正教授が提唱した「わらべうた」をベースにした合唱の教育システム作成の共同研究に参加したことから作られた曲集だった。

この中のいくつかの曲は、アマチュアの方々に歌ってもらったが、曲集のほぼ全曲をプロの方に歌ってもらうのはこれが初めてで、初演といっても過言ではなかった。

これは、ぜひとも夫をコンサートに連れて行って、聴かせてあげたかった。

しかし、この状況の中、どうやって連れて行けるというのだろう?

コロナで外出外泊は一切できません、と病院から伝えられていた。

たとえ外出ができたとしても、また「通帳を盗まれた!」とパニックを起こして、あちこち勝手にいなくなってしまう可能性のある夫を、私一人で加古川まで連れて行く自信もなかった。

それに、会場で夫の知り合いに会ったら、どうしたら良いのだろうか?

つじつまの合わないことを話して、おかしな行動を取る夫は、ただの笑いものになるばかりか、「藤井さん、ボケたよ」とあっという間に噂が流れて、馬鹿にされるに決まっている。

今までも、夫は音大を卒業していないことで馬鹿にされることがあったが、もうたくさんだ。

コンサートは有難いのだけれども、なんでこんな時に…。

考えれば考えるほど、辛くなるだけだった。

もう、このメッセージは見なかったことにしよう。

どうせ行けるはずのないコンサート、もう忘れよう。

パソコンを閉じた。

# 覚悟

六月中旬にさしかかっていた。

例の田代さんのコンサート、忘れようとしていたが、日にちが近づくにつれ、やはりどうしても夫を連れて行って聴かせてあげたいという思いが募る一方だった。

夫がこんな状態になったからこそ、自分の作品が生で演奏されるのを聴いて、観客が喜んでいるところを見たら、本人の生きる原動力になるに違いない。

もっと作品を作ろうという意欲も、湧いてくるに違いない。

それに、今まで何もかもがあまりに酷過ぎた。

まだ夫の人生は終わっていない、残り少ない人生、意識のあるうちに生きていて良かったと、幸せを感じさせてあげたい。

どうしたら良いか？

コロナで入院患者の外出が一切認められない中、夫を病院の外に連れ出すには、退院しか選択肢がなかった。

しかし、家に連れて帰ったら、何も異常はないのに、また「通帳を盗まれた！」「誰かが、家に入った！」とパニックになって、以前のように警察のお世話になる可能性は十分に考えられた。

私の睡眠障害も、全く治っていないのだ。

家に連れて帰るのは、危険すら感じた。

しかし、それでもやはり、夫をコンサートに連れて行きたいと言う気持ちが膨らむばかりだった。

よし、コンサートの後は、もう一度入院させてもらえないか病院に頼み込むか、施設にお願いするか、コロナが落ち着いたのを見計らって高齢の母の住む実家の盛岡に連れて行くか、とにかくどうにかなる。

会場で夫の知り合いに会って変な噂が流れたとて、作曲は今まで通り何ら問題なくできるのだ。

コンサートに連れて行かなかったことを、後々ずっと後悔する方が辛い。

よし、こうなったら退院させよう。

覚悟を決めた。


主治医のA先生に、コンサートがあることを話した。

和声学の添削をさせたことでも注意を受けたのだ、連れて行きたいと言ったら、怒られるのは覚悟していた。

しかし、A先生の反応は意外なものだった。

自分の作品が演奏されるコンサートに連れて行くことは、藤井さんにとってこの上ない治療になる、何とか実現できる方法を考えましょう、と前向きなものだった。

そしてA先生は、病院に掛け合ってみる、と言ってくださった。

あれだけ覚悟していただけに、却って拍子抜けしてしまうほどだったが、ただただ有難かった。

私は私で、夫をコンサートに連れて行けるのなら、どういう手段で連れて行くか、計画を練った。

まずは、コンサートがあることを、夫に電話で報告した。

「ソプラノの田代さんが、加古川でコンサートを開くんだって。そこで、修さんの　やさしいア・カペラ曲集

「金子みすゞのうた」を、歌ってくれるんだって」

「ああ、それは有難いな。聴きに行きたいな。加古川かぁ。終わったら、姫路に1泊してきたいなあ」

加古川が姫路の近くにあることは、まだ覚えていた。

嬉しかった。

今までも、夫はコンサートで自分の作品が演奏された後は、会場の近くを観光してから帰るのが好きだった。

よし、コンサートの晩は、姫路に泊まろう。

丁度この頃、運良くコロナ第六波が収まりつつあったため、高齢の盛岡の母に来てもらって、二人で夫をコンサートに連れて行くことにした。


結局、A先生の働きかけにより、病院全体の計らいで、コロナでどの入院患者にも外出が全く認められていない中、夫にだけ特別に外泊の許可が下りた。

ただし、外泊から帰ってきた後はPCR検査をして、陽性だったらコロナ病棟へ、陰性であっても三日間は個室で隔離する、という条件が付いた。


夫には、病院が特別にコンサートに行くことを許可してくれたこと、まだ治療が必要だから、コンサートが終わったら病院に帰ってこなくてはいけないこと、そして、コロナ感染の心配があるので、病院に戻ってきたら三日間は個室隔離になることを、電話で何度も伝えた。

そして、ようやく田代さんに連絡を取った。

夫が今、どういう状況にあるのかをメールで説明し、当日は夫と私と母の三人で会場に伺う旨を伝えた。

コンサートまであと数日に迫ったある日、夫から電話があった。

「当日は、朝早く迎えに来てくれ。コンサートに行く前に、ヘナをして欲しい」

入院して三ヶ月以上経った夫の髪の毛は、すっかり真っ白になっていた。

今までは、私が家で夫の白髪をヘナで染めていた。

すっかり真っ白になってしまった頭を、他の人に見られたくないらしい。

しかし、ヘナで髪を染めるには、最低二時間は必要で、塗布する場所にも困った。

「ヘナは時間がかかるし、コンサートに遅れたら大変だよ。真っ白な髪は、貫禄があって却ってきれいだよ。それに、白い髪にぴったり似合う帽子も買ったから、安心して」

夫は帽子が好きだったが、麦わらで編まれた夏用の山高帽は、すっかりへたってしまっていた。

バイトの帰り、梅田で真っ白いおしゃれな山高帽を見つけた。

白髪が却ってきれいに映えるだろう。

よし、これでコンサートに行く準備は整った。

後は、無事に行って、楽しんで、帰ってくるだけだった。

## コンサート

いよいよ、コンサート当日。

盛岡からやってきた母と共に、約束の時間に病院へ行き、看護師に夫の夏用のスーツ一式を渡した。

しばらくして、スーツに身を包んだ夫が、病棟から出てきた。

「修さん！」

三ヶ月ぶりの再会、思わず抱きしめた。

ようやく会えた。

嬉しくて嬉しくて、仕方がなかった。


看護師から、ごっそり薬の入った袋を渡された。

「朝、昼、晩、絶対に忘れずに飲ませてください。忘れると、また妄想や徘徊が起きる危険があります。あと、寝ない時、不穏時は、この頓服薬を飲ませてください」

こんなにたくさんの投薬をされているのかと、改めて驚いた。


夫が気にしていた真っ白の頭に、新しい白い帽子を被せた。

よく似合っていた。

これでいよいよ出発だ。

看護師に見送られ、強い日差しが照り付ける中、病院を後にした。

夫にとっては、三ヶ月振りの屋外。

歩けなくなっているのではと心配したが、今まで通りの速さで歩いていた。

ほっとした。

しかし、これが私をすっかり油断させた。

この後、とんでもないことが起きてしまった。

ある駅で、電車を乗り換えなくてはいけなかった。

もたもたしてしまい、エスカレーターでホームに下りている最中、ホームに電車が入ってきてしまった。

慌てて、エスカレーターの上を階段のように歩いた。

後ろから、夫と母もついてきた。

と、「キャー!」と母の叫び声がした。

はっと後ろを振り返ると、私の足元に、痛みで歪んだ表情の夫の顔があった。

エスカレーターの上で、夫が頭から転倒してしまったのだ。

幸い、近くにいた人が夫をすぐさま起こして立たせてくれ、無事エスカレーターを降りることができた。

起こしてもらえていなかったら、また、夫が転んだ時、私の体にぶつかって倒れていたらと、想像するだけでも恐ろしかった。

エスカレーターの上は、絶対歩いてはいけない。

転んだら大惨事だ。

特に、高齢者は本当に危険だと思い知らされた。


電車に乗って、すぐさま夫を座らせ、ズボンの裾をまくって脚を見た。

右脚のすねに、エスカレーターの溝の跡がざっくりと三ヶ所付いていて、深い傷となって血が流れていた。

アルコール消毒液で血を拭き、血が止まったところで持ち歩いていたアーユルヴェーダの万能クリームを塗り、絆創膏を貼って、両手を傷口に当ててレイキを流し続けた。

外出した早々、夫にこんな怪我をさせてしまって、本当に申し訳なかった。

幸い、骨には異常がないようで歩けるとのこと、このままコンサートに向かえそうだった。

加古川に着いた。

会場に行く前にお昼ご飯を食べようと、明石焼きのお店に入った。

三ヶ月振りの外食に、夫も大満足だった。

そして、いよいよ会場に着いた。

知っている人が目の前にいても、気が付かずに素通りする場面はあったが、落ち着いて客席に腰かけた。

久々の生の演奏を、私たちは心ゆくまで楽しんだ。

夫の曲が演奏された後、演奏者の田代さんから「本日、作曲者の藤井修さんが、会場にいらしています」と紹介をされると、自ら席を立って、他の観客らにお辞儀をした。

ああ、良かった！

いつも通りにできた！

まさか認知症だとは、誰も気付いていなかっただろう。


そして会場には、何と、主治医のA先生も駆け付けてくださっていた。

「藤井さんが、どんな立場で音楽をやっているか知っておきたかったし、今後のことも考えたい」と、わざわざお花まで持って聴きに来てくださったのだった。

こうやって夫がコンサートに来られたのも、A先生が尽力してくださったお陰だった。

A先生には、感謝しかなかった。

しかし、当の夫は、A先生が自分の主治医であることを、全く理解できていなかった。

「病院にいるのは看護師ばかりで、医者には一度も会ったことがない」と、ずっと言い続けていた。

後に、「A先生が、わざわざお花まで持って、コンサート会場に来てくれたでしょう?」と何度か夫に言ったが、その度、「あれは、病院の院長の子供だ」と言い張っていた。


コンサートの後は、夫の希望通り、姫路のホテルに泊まった。

ホテルの部屋に入ると、窓から見えるライトアップされた見事な姫路城の姿に、三人で感嘆の声を上げた。


ホテルでの様子から、夫は次に自分はどうしたら良いのかが分からないようだった。

まず、ベッドに腰かける。

腰かけたまま、次に何をしたら良いのか分からず、困って動けなくなっている、という具合だった。

さりげなく、「さあ、寝る前にお風呂に入ろうか」「歯も磨こうか。こっちに、コップと歯ブラシがあるよ」と声をかけると、硬かった表情が笑顔になって、「ああ、そうだな」と行動に移せるようだった。


寝巻に着替えた夫は、ベッドに横になるやいなや、寝息を立て始めた。

良かった、どこにも出て行かずに寝てくれた。

とんでもない怪我をさせてしまったけれど、予定通り一日が終わった。

睡眠薬を飲んで、私もベッドに入った。

# 姫路

翌日も順調だった。

ホテルの朝食バイキングを楽しみ、心配した脚の具合もよそに、姫路城では天守閣まで登った。

「オペラ千姫」を書いて以来、ご縁を感じていた千姫が、後に暮らした西の丸もじっくり見学した。

昼食は、好古園の美しい庭を眺めながらいただいたが、帰りはさすがに疲れたようだった。

前のめりになりながら必死に歩く夫は、倒れやしないかと、ちょっと気を揉んだ。

それでも無事ホテルに着き、冷えたわらび餅ドリンクを飲み干すと、ほっとした様子でベッドに横たわった。

「ねえ、隣に寝てもいい？」

狭いシングルベッドの上に、無理矢理二人で横になって、手をつないだ。

「こうやって、修さんとまた一緒に寝られるなんて、夢のようだよ」

精神病院に入院した時は、まさかこんな時がまたやってこようとは、想像だにできなかった。

幸せだった。


そして、翌朝。

病院に帰る日が来た。

「病院には戻らない！」と騒ぐのではないかと心配していたが、病院に戻らなくてはいけないことを、夫はきちんと理解していたようだった。

素直に帰りの電車に乗り、近くまで来ると、自ら病院に向かって歩き出した。

病院に着いてすぐ、ＰＣＲ検査を受けた。

結果は陰性。

ほっとした。

エスカレーターで血を流した時、傷口からコロナウイルスが入ってやしないかと、この外泊中、実はずっと気を揉んでいた。


病院に帰ってきたら、三日間個室で隔離されることも、夫は理解していた。

素直に、隔離病棟に入っていった。


また夫と離れ離れになってしまうのは残念だったが、非常に清々しくもあった。

まず、無理だと諦めていたコンサートに、夫を連れて行くことができた。

まだ意識のあるうちに自分の作品が聴けたこと、それも初演の演奏を聴くことができたことは、夫にとってこの上ない喜びだった。

作曲は、書き上げただけではどうしようもない。

演奏してくれる人がいて、音にならなければ、意味がないのだ。

夫の作品には、まだ音になっていないもの、一度演奏されてそれきりになっているものが、まだまだあった。

そのうちの一つでも演奏されて、夫自身が聴くことができたのは、有難い限りだった。

演奏してくれた田代さんに、そして、コンサートに連れて行くために病院に掛け合ってくださったA先生、それを許可してくださった病院に、ただただ感謝しかなかった。

また、このコロナ禍の中、リスクの高い高齢者でありながらも、感染者のほとんどいない岩手から、全国一感染者の多い大阪に、わざわざ手伝いに来てくれた母にも感謝していた。


そして今回の外泊で、もう無理だと諦めていた夫との生活について、かすかな希望が見えたことは、非常に大きな収穫であった。

私一人で夫の介護は無理、残りの人生は施設で暮らすことになると言われていたが、夫の精神状態が落ち着いているのであれば、夫への接し方を工夫すれば、もしかしたら、また一緒に暮らせるようになるかも知れない。


母が盛岡に帰る前、二人で京都に寄った。

貴船神社では、七夕まつりが行われていた。

貴船神社の短冊に、「修さんと、また一緒に暮らせますように」と願い事を書いて、笹の葉に結んだ。

## 今後

夫をコンサートに連れて行ったことは、非常に大きな転機になった。

夫の退院に向けて病院も動き出し、私もより明確に今後のビジョンを描くようになっていた。

まず病院から、介護認定を受けるように指示があった。

退院後、介護サービスをスムーズに受けられるようにするためだった。

市の職員が病院を訪れ、直接夫に会って認定するのだという。

通常、家族も同席して、家族からの話も聞くのだそうだが、コロナのため、私が同席することは叶わなかった。

認定では、一体どんなことが行われるのか、知ることはできなかった。


しばらくすると、市役所から介護認定の結果の通知が届いた。

結果を見て、驚いた。

一番低い介護認定、「要支援一」だった。

確かに、夫は声掛けをすれば、自分で食事もするし、歯磨きもするし、トイレにもまだ行けた。

数年前に亡くなった私の父は、脳梗塞で倒れた当初、歩くのにも介助が必要で、「要支援」を飛び越え、いきなり「要介護三」の認定が下った。

しかし、ちょっと買い物に行きたい時など、オムツを履かせて「ベッドでテレビを見て待っててね」と、二十～三十分家で一人にさせておいても平気だった。

夫には、確かに、身体的介助はまだ必要なかった。

しかし、「一人でテレビを見て待っててね」と、認知症患者を家に置いて買い物に行くことなどできない。

四六時中、常に誰かが付いて看ていなくてはならないのに、これが「要介護」でないとは。

要は、この介護保険制度は、認知症については全く考慮されていない制度なのだ。

あくまで身体そのものが不自由かどうか、身体的介助が必要かどうかだけで判断しているのだということに気付いた。

知り合いの何人かから、「あんなに大変だったのに、要介護じゃないなんておかしい。介護認定の不服申し立てをすべき」との声も上がった。

しかし、施設に預けることを考えたら、介護認定が高くなればなるほど、施設の利用料金も上がる。

介護認定制度、そして「要支援一」の認定結果には大いに疑問を持ったが、施設の利用料金が安く済むのなら、それならそれでと、不服申し立てはしなかった。


その後、病院でA先生、病院のスタッフ、私、夫本人とで、今後に向けて話し合いの場が設けられた。

コロナ第六波が落ち着いたので、話し合いは夫の病棟で行われた。


初めて入る夫の病棟。

ほとんどの人が車椅子に乗り、周囲のことが理解できず、表情も乏しいままどこを見るでもなく、ただ座ったままだった。

誰も見ていないテレビからは、昔懐かしい歌謡曲の映像が空虚に流れていた。

ある男性は、車椅子で入り口のドアまで行き、ドアノブを動かし、鍵のかけられたこの病棟から、何とか出ようとしていた。

「誰か来てー！　ご飯まだー？」

電話から時々聞こえていた女性の叫び声も、病棟中に響いていた。

そんな中、夫が奥の部屋から歩いてきた。

まともに歩けるのは、どうやらこの病棟では夫だけのようだった。

この病棟にいるのは、明らかに、夫より認知症が大分進んだ人ばかりだった。

こんな環境の中で、よくぞ毎日、夫は創作活動をしているものだと絶句した。

病棟の中は、冷房が効き過ぎて寒いほどだった。

私の前に来た夫の手を握る。

ものすごく冷たかった。

夫は元々基礎体温が高くて、手を握るといつもポカポカしていたのに、こんな冷たい部屋の中でほとんど体を動かすこともできず、体の芯からこんなに冷え切ってしまっていたとは。

歩くことも少なく、階段どころか段差すら全くない環境の中にずっといたので、エスカレーターであんな大転倒をしてしまったのだ。

毎日ヨガや天風体操で体を鍛えていた夫からは、想像がつかないほどの衰え方だった。

このままここに夫を置いておくのは良くない、と感じた。


病棟にA先生がいらして、話し合いが始まった。

夫の私に対する憎しみも大分緩和され、話し合い自体は、退院を見据えて順調に進んだ。

ただ、この病棟に画家の田中一村がいる、二〇二五年の大阪万博に向け、自分も含め、かつての恩師、佛田光生氏などの音楽家がここに集められている、といった妄想がまだみられるので、やはり私一人で介護するのはまだ難しいだろうとのことだった。

しかし、病院では体を鍛えるためのリハビリは受けられず、運動と言えば、病棟で毎日行われるラジオ体操だけ。

それも、毎日ラジオ体操に参加しているのは、夫だけだと言う。

施設なら、個人個人に合わせてリハビリが受けられる。

作曲をするにももっと静かな環境の方が良いだろう、まずは病院を出て施設に行くのが良いだろう、と決まった。

私は私で、夫のことだけでなく、今後の自分自身の仕事のこと、盛岡で一人暮らしの高齢の母のこと、更には夫がいずれ寝たきりになって亡くなっていくまでの今後約十年の生活や家計についても含め、これから一体どうすれば良いのか、色々考えた。

そして、結論を出した。

まずは、一旦施設に移して、夫の様子を見よう。

そして、精神状態が落ち着いていたら、今年の年末あたりには施設を退去させ、夫を盛岡の実家に連れて行こう。

認知症を発症する前、夫は「コロナになって、仕事の形態も変わった。これからは、もっとのんびり暮らしたい。コロナが収まったら、一年の半分は茨木で、残りの半分を盛岡で過ごそう。お母さんも、きっとその方が安心する」と言っていた。

それに実家は、数年前に亡くなった父の介護のために、暖房設備の整ったバリアフリーの家に建て直していた。

大阪は盛岡より暖かいはずだが、防寒対策が全くできていない茨木の古いマンションは、冬は実家にいるよりはるかに寒く、高齢の夫が夜にトイレに起きる度、ヒートショックが心配でならなかった。

実家なら、ヒートショックの心配もない。

高齢だが母も夫を看てくれるし、私も高齢の母の見守りができる。

それに、都会は便利な一面もある一方、コロナのような感染症には脆弱だ。

コロナが発生して、何度、岩手にいたら良かったのにと思ったか知れない。盛岡にいたら、コロナでも密にならずにゆったり気持ち良く散歩できる所が、いっぱいあった。そもそも茨木には人が多過ぎて、いつ歩道で自転車にひかれてもおかしくないほどで、ゆったり散歩できる場所すらほとんどないのだ。

経済的な事を考えても、夫を施設に預けようとするから、月々二十万円以上もの出費が嵩み、それを賄うために私が働きに出なくてはならなくなる。

でも、家で面倒を見るのなら、私は外に働きに出られなくなるが、施設の料金はかからない。夫の年金と、私が家でオンラインでピアノを教えたりすることで、何とかやっていけそうな目処がついた。夫の身体的な介護はいずれ必要になり、それが私にのしかかってくるだろうが、何年も続く訳ではない。そもそも、私はできることなら夫と一緒にいたいのだ。最後まできちんと面倒を見て、お別れしたい。

気持ちは固まった。

## 施設

今後の方針が決まり、病院が施設を探してくれるとの話だったが、病院からの連絡は一向になかった。夫の身体機能がすっかり低下してしまっているのを目の当たりにしていただけに、一日でも早く施設に移して、リハビリをさせたかった。

毎日連絡が来ないことに、イライラが募っていた。

こうなったら、自分で動くしかない。

これまでもいくつか施設は見学していたが、更にあちこち見学に足を運び、遂に入居を申し込んだ。

茨木の施設はどこもいっぱいだったので、近隣のB市にある、電子ピアノが設置されているサ高住（サービス付き高齢者住宅）に決めた。

コロナのステイホームで、毎日二十分、全調の音階を両手でさらっていた夫に、リハビリを兼ねて、またピアノの練習もして欲しかった。

音楽を通して、他の入居者とも友達になれるかも知れない。

また、ここの食堂の大型画面のテレビで、ＹｏｕＴｕｂｅが見られるという。

ＹｏｕＴｕｂｅには、夫が演奏している動画や、夫の作品が演奏されている動画もアップされていた。

自分の演奏や作品をＹｏｕＴｕｂｅで観るのは、夫にとって非常に良い刺激になるだろう。

食事も施設内で作られ、美味しいと評判とのこと。

夫の話では、病院の朝ご飯は、丼ぶりに白ご飯、それに海苔の佃煮などが付く程度だという。

量も足りなく、夫は自分の手首をもう一方の手の親指と中指で囲んで見せては、「前は指がくっつかなかったのに、今はくっつくようになった。こんなに痩せた」と訴えた。

その上、施設では毎日デイサービスのようなアクティビティもあり、建物もホテルのようで、申し分なかった。

これなら、夫は病院より気持ち良く過ごせるだろう。

少々費用は高かったが、何かあった時にと手を付けずにいた自分の定期預金を切り崩すことにした。

しかし、それからがまた長かった。

入居を決めたらすぐ入れるものかと思いきや、施設スタッフによる本人への面会、更には契約にも時間がかかった。

八月に入る前に施設に移したいと考えていたが、これでは無理だった。


そうこうしているうち、私の体調に異変が起こった。

ある朝起きると、異常な喉の痛みに加え、咳が止まらなかった。

体温も三十八度を超え、ちょっと歩いただけで、何とも言えないだるさに襲われた。

ＰＣＲ検査を受けると、コロナ陽性。

丁度、コロナ第七波が猛威を振るっていた。

しかし、どこで感染したのか、心当たりは全くなかった。

バイトには出ていたが、コロナ感染が心配で外食はしないことにしており、早朝から休憩なしのシフトに入って、昼過ぎには家に帰り、昼食は家でとっていた。

マスクも、真夏ではあったが、常に二重にしていた。

唯一、心当たりは、勤務中に許されていた水分補給のため、時折マスクをずらして飲料を飲んだことだった。

それだけで簡単に感染してしまうとは、いかにコロナの感染力が強いか、ただただ驚くばかりだった。

それに、睡眠薬を飲んでいるとはいえ、数時間後には必ず目が覚め、慢性的な睡眠不足に陥っていた体は、明らかに免疫力が落ちていたのだろう。

ワクチンを打っていても、簡単にコロナにやられてしまったのだった。


しかし、またそれからが大変だった。

コロナ陽性と分かっても、発熱外来で診てもらわない限り、コロナ患者とは認められず、保健所との連携もできなかったが、感染者が爆発的に増え、発熱外来に予約すら取れない状況だった。

ようやく発熱外来で診てもらえたのは、体調に異変を感じてから、既に五日が経っていた。

この時からようやく自宅療養が始まり、食事の提供など、行政の支援が受けられるようになった。

そんな中、夫の施設入居の準備を進めなくてはならなかった。

結局、施設と契約を交わしたのは、お盆明けのことだった。

自宅療養期間は終わったが、倦怠感は却って酷くなる一方で、近くのスーパーに行って帰ってきただけで、寝込む始末だった。

また、明らかにブレインフォグがあった。

言われたことが、頭に入ってこなかった。

サ高住の契約は、凄まじいものだった。

膨大な数の契約書。

一体、何枚の書類に署名捺印をしたのだろう。

ボールペンを握る指が痛くなる。

説明を受けるが、ブレインフォグのせいで頭がボーっとするばかりで、何が何だかよく分からない。

ただただ言われるがままに、署名捺印した。

「施設を利用するのがこんなに大変だったとは。これでもう最後にしよう。二度と施設は利用するまい」と思いながら。

ただ、非常に気になっていた入浴についてだけは、きちんと施設長に確認した。

病院では、月曜日と木曜日、週二日しか入浴がなかった。

施設でも、入浴は週二日とのこと。

しかし、施設では夫の入浴が何曜日になるのかが気になった。

というのも、タイミングがずれると、病院で最後の入浴日から、夫が施設に入居して初めて入浴できる日まで、一週間も間が開くことも考えられた。

いくら冷房の効いた部屋にいるとはいえ、この猛暑の大阪で、一週間もお風呂に入れないのは不快極まりないだろう、いくらなんでも可哀そう過ぎると気がかりだった。

確認すると、夫の入浴は火曜日と金曜日、入居翌日の朝に入浴の予定だという。

ほっとした。


契約が終わった後も大変だった。

ベッドと寝具以外の荷物を、全て私一人で施設に運び込まなくてはいけなかった。

東北生まれで、元々大阪の夏の暑さには弱かったが、猛暑の中、コロナ後遺症の倦怠感で更に重くなっている体で、夫の荷物の詰まった重いキャリーバッグとボストンバッグを持ち、公共交通機関を使って家と施設を何往復もするのは、まさに地獄だった。

それでも、夫が今より良い環境で過ごせるのなら、と頑張った。

それに、夫の徘徊で毎日毎日昼夜を問わず走り回っていた時に比べたら、まだましだった。

結局のところ、これもカルマなのだ、乗り越えるしかないと、日差しの照りつける中、ただただ黙々と歩いて荷物を運んだ。

## 退院そして入居

ようやく、待ちに待った退院の時が来た。

夏服に着替えた夫が、病棟から出てくる。

見送りにやってきたスタッフらの中に、車椅子に乗った男性患者の姿もあった。

入院中、夫は他の患者とは、ほとんど話をしなかったと聞いていた。

この男性患者とも、特に親しく接していた訳ではなかっただろうが、男性患者は夫がここを出ていくということは分かっていたのだろう。

もう話すこともできなくなっていたその患者は、夫に手を伸ばし、ただただ泣きじゃくっていた。

もしかしたら、自分のことも一緒に連れて行って欲しかったのかも知れない。

認知症は、記憶は消えても、感情はそのまま残ると講座で聞いていたが、こういうことなのだと痛感した。

病院のスタッフに世話になったことは理解しているのか、夫はスタッフ一人一人に、何度も何度も頭を下げていた。

最後にA先生も玄関まで見送りに来てくださり、タクシーに乗って施設に向かった。

二〇二二年八月二十二日、五ヶ月に及んだ精神病院での夫の医療保護入院は終わった。

本当は、病院から施設に移動する間、ほんの一時間だけでも、夫と二人きりでどこかで過ごしたかった。

公園で夫とお弁当を食べるだけでも良かった。

しかし、コロナで施設も厳しかった。

病院でPCR検査陰性を確認したら、すぐタクシーで入居するようにと、スケジュールが組まれていた。

食事も外食が認められておらず、昼食は病院でとってから入居というところまで、施設と病院とで話が付けられており、私は決められたスケジュールに従って動くしかなかった。

せめてもと、タクシーで移動する間、ずっと夫の手を握っていた。

夫も嬉しかったのだろう、同じ話を何度も何度も楽しそうに繰り返し語っていた。


施設では、施設長らが出迎えてくれた。

初日なので特別にと、私も夫と一緒に部屋に入ることが許された。

ホテルのような施設、そして、自分の私物が置かれた部屋に夫も喜んでいた。

「ここでの居心地が良くなり過ぎたら、マズいな」と、つぶやくほどだった。

リハビリがてら楽器演奏もさせたくて、部屋には夫のボンゴとマラカス、ドラムの練習台とスティック、ピアノの音階の指使いが書かれたテキストも用意した。


しかし、その後、「あれ？」と思うことがいくつかあった。

まず、施設に到着して間もなく、ケアマネジャーと地域包括支援センターのスタッフがやってきた。

挨拶が済むなり、地域包括支援センターのスタッフが、「いつ転入届を出すんですか？」と口火を切った。

茨木市からこの施設があるB市に、住民票を移さなくてはいけないということは聞かされており、茨木市には既に転出届を出していた。

そしてB市には、転入してから十四日以内に転入届を出さなくてはいけないのも知っていた。

しかし、施設と病院が決めた本日のスケジュールでは、どう考えてもB市役所に行く時間などなかった。

「今日はもう無理ですので、明日にでも行きます」としか答えようがなかった。


その後、ケアマネジャーと、リハビリの話になった。

見学の際、対応してくれたスタッフの話では、リハビリの回数を増やしたかったらいくらでも増やせますよ、と聞かされていたので、毎日お願いしたいと申し出ると、スタッフが難色を示した。

すると、ケアマネジャーも、まずは週一回で様子を見て、と言う。

そもそもリハビリを受けさせることが施設に移したい大きな理由の一つだっただけに、聞いていた話と違う、と食い下がった。


それから二人でまた部屋に戻ったが、一向にスタッフが来る気配がない。

私は見学の際、施設の全てを案内されていたが、夫は、食堂がどこか、テレビはどこか、ピアノはどこか、食事のメニューやアクティビティのお知らせがどこに書かれているのか、全く案内されていなかった。

仕方なく、私が夫を食堂まで連れ行き、時間になったらここに下りてくるよう説明した。

食堂に置かれたピアノも見せた。

ボンゴとマラカスを夫にやらせ、私のピアノ演奏とアンサンブルもさせた。

およそ半年ぶりのアンサンブルだったが、上手くできた。

やはり夫はまだ楽器演奏もできる、と嬉しい限りだった。

ぜひ夫の打楽器演奏の機会を施設の中でも作ってもらいたいところだったが、スタッフは特に興味も示さなかった。

「大型のスクリーンでＹｏｕ Ｔｕｂｅも見られるんですよね」とスタッフに声をかけたが、「繋げれば見れますけど…」と、要は、他の仕事で忙しいのに構っていられないという雰囲気だった。

何だか、見学の時の話とはずいぶん違うな、と感じた。

そうこうしているうちに、十七時になった。

十七時になったので、付き添いの方は出ていってください、と告げられた。

施設ではスマホが使えたが、夫にまだスマホの使い方を説明できていなかった。

仕方なく、スマホの使い方を教えてあげてください、とスタッフに頼み、バタバタと施設を後にした。

夜、家に帰って、夫のことが何だか心配になった。

あの調子では、夫にパジャマはどこにあるか、歯磨きはできたか、スタッフが部屋まで様子を見に行ってくれているようには思えなかった。

夫は、ほったらかしになっているのではないか？

夫のスマホに電話をかけた。

「ねえ、今、何してるの？」

「部屋で寝てる。ご飯は食べたよ」

「何を着て寝てるの？」

「服のまま寝てる」

やっぱりだった。

「ダメダメ。パジャマに着替えてね」

「病院では、いつも服(病衣)のまま寝てたから、ここでもそうなのかと思った」

「ベッドから起き上がって、まっすぐ歩いたら、クローゼットがあるでしょ?」

「ああ」

「そこを開けて。開けたら左下に、パジャマが畳んであるから」

「いや、ない」

認知症の症状なのだろうが、以前から、夫は目の前に物があっても見えていないらしく、「ない」と言い張るのだ。

「絶対あるから、よーく見て。白いパジャマ。左下にあるから!」

「いや、ない」

「ううん、絶対にある! 私が置いたから。よーく見て!」

五分程こんなやり取りをして「ああ、ここにあった!」とようやくパジャマを見つけた。

「着替えられる? 着替えたら洗面台に行って。歯ブラシがあるでしょ? 歯を磨いてから寝てね」

「ああ、全部揃ってるね。君が準備してくれたのか? 有難う」

本当は下着も取り替えさせたかったが、そんなに汗もかいていないだろうし、明日の朝には入浴で着替えるだろうから、もう良しとした。

まずは一件落着だったが、こんな調子では、これからの施設での生活が思いやられた。

# 入浴

心配していた施設での生活だったが、早くも翌朝、問題が勃発した。


翌朝も、酷い猛暑だった。

相変わらずコロナ後遺症の倦怠感も相まって、朝からだるかった。

昨日も一日中大分無理をしたのだ。

その上、昨日は病院と施設から色々と書類を渡されただけでなく、入院中に夫が書いた楽譜やノートといった私物も、ごちゃごちゃに鞄に詰められていた。

中でも、夫が書いた手書きの楽譜は、絶対になくしてはならない。

なくしたら、同じものを夫にまた書いてもらうことなどできない。

きちんと整理し、コピーも取って、JASRAC（日本音楽著作権協会）に作品登録をしなくてはいけなかった。

B市役所への転入届は、転入から十四日以内に提出すれば良いと聞いていた。

こんな体調の良くない時に、炎天下の中、無理をしてB市役所に行くことはない、今日は家で体を休めながら、夫の楽譜の整理から始めよう。


夫も今頃、施設でお風呂に入っているな、と思いながら、鞄から楽譜や書類を出して、広げ始めたその時だった。

施設から電話が来た。

「藤井さん、まだ転入届出していませんよね？　今日は、入浴はできません」

「は？」

こんなことにならないようにと、契約の時、施設長に入浴のスケジュールを確認していたのに。

要は、介護認定が要支援の場合、入浴は市の管轄になるので、市民しかそのサービスを受けることができない、夫の転入届がB市に提出されておらず、夫はまだB市の市民ではないため、入浴のサービスは受けられない、ということだった。

どうしてそんな重要なことを、誰も教えてくれなかったのか、物凄く憤りを感じた。

施設も分かっていながら、昨日はなぜあんなスケジュールを組んだのか。

タクシーで病院から施設に行く前に、B市役所に寄れるよう、スケジュールを組むべきではなかったのか。

それに、昨日の地域包括支援センターのスタッフも、「いつ転入届を出すんですか？」ではなく、「今すぐ転入届を出しに行ってください。そうしないと、明日は入浴できません」と、きちんと説明すべきではなかったか。

「とにかく、今すぐB市役所に行って転入届を出しますので、今日中に入浴させてください！」

「いや、今日出しても入浴はできません。次は金曜日ですね」

謝罪もなく、平然と返された返答が、更に私の怒りを煽った。

「前回病院で入浴したのは、木曜日です。いくら屋内にいるとはいえ、この猛暑の中、一週間以上も入浴できないなんて、そんな事あり得ますか？　認知症であっても人間です！　いくら何でも酷過ぎます！　こうならないようにと、契約の時、施設長に入浴のスケジュールを確認していたのに！　とにかく、今すぐB市役所に行きます！」

怒りで、もう体がだるいのかどうかも分からなくなっていた。

楽譜やら書類を床に散らかしたまま、灼熱の太陽が照りつける街へと飛び出した。

Ｂ市役所に転入届を出し、その足で施設に到着した頃には、もう既に夕方になっていた。

施設の受付で、今回の対応は酷過ぎるのではないか、真夏に一週間以上も入浴できないなんてあり得ない、と食い下がった。

結局、翌日の朝、特別に夫の入浴時間が組まれた。

それでも、夫にとっては、五日振りの入浴だった。

# 不満

その後も、施設への不満が募る出来事がいくつか起こった。

ケアマネジャーと施設には、夫が入居する前から、できれば年末年始の頃に岩手の実家に連れて行きたいが、それまでは「お医者さんから、家に帰っても良いと許可が出るまでは、ここで治療しようね」ということで、口裏を合わせて対応して欲しい、とお願いしていた。

病院を出て施設に移ったことを、夫は喜んでいると思いきや、入居して数日で「ここは嫌だ。早く家に帰りたい！」と、夫はスタッフに訴えた。

するとスタッフは、私が頼んでいた口裏合わせはどこへやら、「ああ、ここは自由ですので、出たいならいつでもどうぞ」と、夫に返していたらしい。

「スタッフは、いつでも出られると言っているのに、何で迎えに来ないんだ⁉」

夫から、怒りの電話が来る。

私への怒りが、再燃しそうな様子だった。

認知症患者に接する場合、本人の混乱や不安を回避するため、「嘘も方便」ではないが、周りが口裏を合わせておくことが重要であることを、精神病院での入院を通して学んだ。

この施設は「認知症受け入れ可」と書かれていたので、認知症患者に対しての口裏合わせの重要性も理解しているものと思っていたが、どうもそうではないらしい。

夫にパジャマに着替える手伝いがなかったことからも、認知症患者に対するスタッフの知識が足りないように思えた。


また、施設入居から二十日程が経った頃、夫から「マスクがなくなった！」と電話があった。

施設の中では、コロナ感染予防のため、部屋を出る際は、必ずマスクを着用するよう決められていた。

毎日使うマスク、四十枚入りのボックスを買って、部屋のドアの横の棚に置いておいたはずだが、まだ二十日しか経っていないのに、もう四十枚もマスクを使ってしまったのだろうか？

よくよく夫の話を聞いてみると、施設に入居してから今まで二十日間、毎日ずっと同じマスクを使い続けており、そのマスクがどこかになくなった、ということだった。

「え⁉　マスクは一日使ったら汚いから捨ててね。ドアの横の棚に、マスクが四十枚入ったボックスがあるでしょ？」

「いや、ない」

また始まった。

「絶対あるから。よーく見て！」

こんなやり取りをしばらくして、「ああ、ここにあった！」とようやく見つけた。

新しいマスクはどこにあるのか、マスクを毎日取り替えているのか、スタッフはみてくれてはいなかった。


食事に関しても不満が出た。

確かに、病院の食事よりは美味しいようではあった。

しかし、量が少ない、と言うのだ。

お代わりはできない仕組みとなっており、足りない人は、週一回開かれる売店でパンを買うとか、差し入れを持ってくるようにとのことだった。

それに、果物が全く出ないと言う。

デザートに出てくるのは、いつも缶詰の果物だと言うのだ。

夫は、新鮮な果物が好きだった。

週に二〜三回は、夫が好きな蒸しパンやらクラッカー、ブドウなどのナイフで切らなくても食べられる果物を、せっせと持って行った。

夫がドラムを教えていた教室、「サウンドイリュージョン」主宰の川上浩初先生も、夫を心配してよく差し入れを持って行ってくれていたのは、有難かった。

しかし、本当は、きちんとした食事をお腹いっぱい食べたいだろうにと思うと、切なかった。

それから、毎日行われると聞いていたデイサービスのようなアクティビティも、施設の都合でしょっちゅうお休みが入っていたし、お誕生日会も開かれると聞いていたが、十月の夫の誕生日には、施設では誰もお祝いしてはくれなかった。

## 通院

施設には、月に二回、担当の内科医が往診に来ていた。

しかし、それとは別に、夫には継続して精神病院に通うよう指示が出されていた。

今まで入院していたA精神病院から紹介状を書いてもらって、B市にあるB精神病院に通い、引き続き薬を処方してもらうことになった。


コロナ禍で、施設では窓越しに携帯電話を使って話をする以外面会も禁じられていたので、何だか矛盾するようにも感じたが、このように個々に医療機関に通う際は、家族が連れて行く決まりだった。

私にとっては、数週間に一度、B精神病院に連れて行って帰ってくるまでの四時間程は、夫と一緒に過ごせる貴重な時間となった。


初めて連れて行く時はタクシーを使ったが、せっかく外に出られるのなら歩かせたいと、二度目からは公共交通機関を使って行ってみることにした。

駅に着いた。

「エレベーターとエスカレーターもあるけど、リハビリのつもりで階段で上ってもいいし、どうする？」

ちょっと考えて、夫が「階段」と言った。

施設の中には、階段はない。

夫がまだ階段の上り下りができるかどうか、心配していたところだった。

「よし、階段で上ってみよう！」

夫としっかり腕を組み、「一、二、一、二…」と同じテンポでリズムに乗って、足元を見ながら慎重に上った。

今まで通りの速さで、上まで上がることができた。

「できたー！　良かったー！」

二人で喜んだ。


B精神病院には、「B病院」とだけ書かれてあり、ここが精神病院であることが夫には分からないようになっていたのは有難かった。

待合室で待っている時が、夫と二人きりでゆっくり話せる貴重な時間だった。

入院前もそうだったが、夫は待合室でよく泣いた。

理由を聞いても、「良く分からない。涙もろくなった」と言うばかりだった。

夫の顔や手をじっくり見る。

以前より、瞼が腫れて垂れ下がっていること、手が震えること、手や指が腫れて一回り大きくなっていることが気になった。

夫の担当医となったB先生は、いつも夫や私の話をじっくり聞いてくれる、優しい先生だった。

「B先生が良いって言ったら、家に帰れるよ」と、夫に伝えていた。

薬は、入院していた時と同じものが処方され続けていた。

瞼の腫れなど、薬の副作用ではないかと心配になり尋ねたが、何だかよく分からなかった。

診察が終わって帰る頃には、もう施設のお昼ご飯の時間は終わっていた。

施設に帰る途中に、うなぎ屋さんがあった。

施設でも、お腹いっぱい食べていないのだ。

せめてこの時ばかりはと、少々高かったが、うなぎ弁当と、コンビニのサラダとデザートを買って持たせた。

本当はその場で食べさせたいところだったが、コロナで外食は禁止されていた。


うなぎ弁当は、とても喜んでいた。

B精神病院から帰る度、うなぎ弁当を買って帰るのがお決まりとなった。

「また修さんとしばしデートして、うなぎ弁当を買って帰ろう！」

夫も通院の日を、嫌がるどころか楽しみにするようになっていた。

## 退去

結局のところ、病院より居心地が良いだろうと思っていた施設だったが、夫には全くダメだった。

夫は他の入居者と、一切話をしなかった。

それには、夫なりの大きな理由があった。

夫は、長いこと某音楽教室で専門講師として、主に講師を指導する立場に就いていた。

しかし、私と結婚する頃、夫は社内で一部の社員らからパワハラを受けていた。

夫が音大を卒業していないのに、こういう立場で仕事をしていることを、音大卒の社員が妬んでいたのが原因のようだった。

後にその社員が権力を持つ立場に就いた時、パワハラはどんどんエスカレートし、影響は吹奏楽指導などの社外の仕事にまで及んだ。


夫は、事実ではない自分の悪い噂が、これ以上流されることを、物凄く恐れていた。

自分が病気で施設にいることが、どこから漏れるか分からない、漏れたらもっと悪い噂を流される、自分が音楽をやっていることは、絶対他の入居者に知られたくない、だからここでは誰とも話をしない、と頑なだった。


元々人を笑わせるのが好きで、社交的だった夫。

施設でも、ピアノや打楽器を演奏して、他の入居者とたくさんおしゃべりをして、楽しく過ごして欲しかったが、完全なる誤算だった。


すっかり気が滅入ってしまったのか、作曲も気持ちが乗らなくなってしまっていた。

入院中に書き始めた、古今和歌集による組曲「やまとうた」も、あと最後の第四楽章を書いたら完成だったが、第四楽章の出だしの数小節を書いたところで、そこから先に進めなくなっていた。

もうこれ以上、夫を施設に預けておくのは、酷なように思えた。

しかし、家に帰って、また以前のようになられたらたまったものではない。

考えた末、B精神病院の診察の際、B先生の前で、夫に二つの約束をさせた。

この二つの約束が守れるのだったら、家に帰る許可が下りる、と夫に伝えた。

一、　私が修さんのお金を盗んだりすることは、絶対にありません。
通帳と財布は、私を信頼して、全て私に預けてください。

これからは、私がきちんと責任を持って家計を管理します。
二、　家で何かおかしいと思うことがあったら、すぐに警察に行かずに、まずは病院に来てB先生にお話を聞いていただきましょう。
警察に行くと、警察がまた病院に連絡して、入院することになります。


すると、B先生から「私からも、もう一つ、約束があります。薬は絶対にやめないでください。薬をやめたら、病気が酷くなります。この三つが絶対守れるなら、家に帰っても良いでしょう」と話があった。

「分かりました。三つの約束を絶対に守ります」と、夫は答えた。


施設を退去する場合、一ヶ月前に退去の申し出をしなくてはならなかった。

一ヶ月後と言えば、丁度、私のピアノの生徒のコンクールがあった。

コンクール会場では、私は生徒に付きっきりになるので、夫を会場に連れて行く訳にはいかず、誰かに夫を看ていてもらわなくてはならなない。

コンクール当日は、このまま施設にいてもらった方が良い。

よし、もう今日にでも施設に退去を申し出て、生徒のコンクールが終わった翌日、夫を退去させよう。

そして、なるべく早い時期に、夫と実家の盛岡に移ろう。


しかし、夫は認知症発症前、「コロナが収まったら、一年の半分は茨木で、残りの半分を盛岡で過ごそう」と、自分から言い出したことは忘れていた。

施設を出たら仕事に戻る気満々の夫は、盛岡に行くことを嫌がった。

とはいえ、アルツハイマー型認知症の夫が、今まで通り、音楽教室で講師として雇ってもらえるはずもなかった。

作曲ができることは分かっていたが、納期にきちんと間に合わせられるかどうかも分からないし、お金をいただいていながらとんでもないミスを起こす可能性もある。

そこで私が考えたのは、信頼できる何人かの人に夫の事情を説明し、編曲したいものがあったらタダでやらせてください、とお願いすることだった。

編曲は、作曲ほどには労力も時間も要さないことは知っていた。

幸い、何人かの人が、即、編曲を頼んできた。

夫には、アレンジの仕事の依頼が来たと言って、やらせることにした。

和声学のオンラインレッスンも、以前の生徒さんからまた続けたいと申し出があったので、これから認知症は益々進むが、本人の生きがいになるのでレッスンを受け続けてもらえるのは有難い、これからはタダでやらせて欲しい、とお願いした。

とにかく、盛岡行きは、焦らないことにした。

何度か夫と帰省しているうち、徐々に盛岡滞在を長くしていけたら、と気長に様子を見ることにした。

そして、家に帰ってきた夫がパニックにならないよう、この一ヶ月間でできるだけ家の中を使い易いように整理し、いずれ夫が亡くなることも見据え、そしていつでも盛岡の実家に移れるように、夫の作品の楽譜の原本を全てすぐに取り出せるよう今一度整理し、更に全てデータにとってPDFファイルとしてSDカードなどに保存して持ち歩けるようにした。

凄まじい数の楽譜だったが、もうやるしかない。


それから、夫が帰ってきたら、私自身が病院などに行くことも難しくなる。

夫を一緒に連れて行って、私が診察などを受けている間に、待合室から勝手に外に出ていってしまう恐れもある。

夫が帰ってくる前にと、市の特定検診、歯科、美容院にも慌てて予約を入れた。


施設退去後、すぐ盛岡に行かないのなら、せめて、夫を大好きな温泉にまず連れて行ってあげたかった。

コロナで、温泉にも二年以上行っていないのだ。

療養も兼ねてとなると、少し遠くなるが、鳥取県の三朝温泉での湯治が良いように思われた。

「家に帰ってきたら、まず三朝温泉で湯治しようね」

夫に電話で伝えた。

「三朝温泉…？　どこだったかな？」

三朝温泉は、夫が私を連れて行ってくれた所なのだが、忘れてしまっていた。

数日後、夫から電話があった。

「今日、リハビリの先生と話をしたら、近くに有馬温泉という良い温泉があるらしいんだ。そこに行くのも良いと思うけど、どこにあるか、調べておいてくれないか」

有馬温泉、関西に住んでいたら、誰でも知っている温泉だ。

ここも、そもそも夫が私を連れて行ってくれた温泉だったが、もう覚えていなかった。

施設で誰とも口を利かない夫にとっては、まだまだ長い一ヶ月になるが、施設で唯一楽しみにしていた時代劇のテレビ番組と、温泉旅行の期待で夫を釣って、何とか持たせた。

とにかく、凄まじい忙しさの一ヶ月となったが、毎日バタバタ過ごしているうち、コロナの後遺症もあるのかないのかよく分からなくなっていた。

そして、二〇二二年十一月四日、夫は施設を退去した。

施設での生活は、二ヶ月強で終わった。

精神病院に入院してから約七ヶ月振りに、夫は茨木のマンションに帰ってきた。

# 三朝温泉

夫が自宅に帰ってきた数日後、電車で三朝温泉に向かった。

丁度、コロナ第七波も収束したので、盛岡の母にも来てもらい、二人で夫を連れて行った。

母にとっても、二年振りの温泉旅行となった。

夫は、三朝温泉がどこにあるのか全く思い出せないようだったが、無理に思い出させるようなことは一切言わず、「大丈夫、私についてきて！」と安心させることだけ考えた。

三朝温泉では、以前泊まったことのある小さな自炊の湯治宿に泊まった。

ここは、男湯と女湯に分かれておらず、お風呂は貸し切りで使うシステムになっていたのが決め手となった。

ここでは、私が夫と一緒に温泉に入って、介助することが可能なのだ。

認知症の夫を、一人で男湯に入れることなどできなかった。

服はどこに置いたか、洗い場をどうやって使うのか、分からなくなって混乱することは目に見えていた。

一風呂浴びた後は、温泉街を散策した。

温泉街のランドマーク、三朝橋に差し掛かった時だった。

「ああ、この景色！　思い出した！」

夫が叫んだ。

思わず、私と母とで手を叩いて喜んだ。

名前も、どこにあるのかも分からなくなっていた三朝温泉だったが、景色は覚えていた。

それから、夫はどんどん思い出した。

温泉街にあるお店も、三朝神社の大きな木も、ヴァイオリン美術館も、ある夏の夜に津軽三味線や太鼓を演奏したクリーニング屋さんのお兄さんのことも、三朝病院で鉱泥湿布の治療を受けたことも。

ヴァイオリン美術館では、久しぶりの生演奏を楽しんだ。

旅行支援クーポンももらったので、普段は滅多に食べないフランス料理のランチを食べることにした。

「こんなにおいしい料理が食べられるなんて…」

前菜を食べながら、夫はまた泣き出した。

三徳山の本殿にもお参りした。

夫は以前、某音楽教室のシンポジウムで鳥取を訪れた際、地元の講師の方々と三徳山投入れ堂まで登ったと聞いていたが、それは覚えていないようだった。

入り口に貼られた投入れ堂のポスターを見ながら、「こんな所があるんだな」と言っていたが、黙っていた。

三朝温泉で
湯治宿でも編曲に取り組んだ

無事に三泊四日の湯治を終え、母は盛岡に帰っていった。

どうしても茨木の家にいたいと言う夫と、二人きりの新たな生活が始まった。

## 新たな生活

また以前のような狂気の日々が始まりやしないかと、心配していた家での二人きりの生活は、思いの外順調だった。

夫は、きれいに片付けられた仕事部屋にもご満悦だったし、自分の大切にしていた書籍が、以前のように本棚にあったことにも安心した。

夫が常に安心した気持ちでいられるよう、一日に何度も、事あるごとに夫をハグした。ハグされるのは本人も気持ちが良いのだろう、毎回ニコニコ喜んでいた。

以前のように、朝起きたら、まず二人でヨガをした。

ベランダに出て、目のヨガや呼吸法も終えると、食事の支度に取り掛かった。

三十数年前、夫は十二指腸潰瘍になったのをきっかけに食生活も見直し、丸元淑生氏のシステム料理学を参考に、朝食は、黒ゴマペーストを塗ったそば粉のパンケーキとポーチドエッグ、それに果物、カスピ海ヨーグルト、ハーブティー、アーモンドと決めていた。

施設から帰ってきた後も、夫は「そば粉のパンケーキは自分で作る！」と張り切った。

一緒に台所に立ち、手順通りにパンケーキを焼けているか見守りながら、私がポーチドエッグやら果物などの準備をした。


朝食の片付けを終えると、私はピアノの練習、夫はアレンジなどに取り掛かった。


そして、一段落ついたところで、毎日必ずスネアドラムを叩かせた。

以前のように、夫と一緒にアンサンブルをし、いつかミニコンサートでも開きたかった。

まずは、昔、夫と何度もアンサンブルをしたことがある「ルパン三世'80」を私が弾いてみせた。

どうやら、覚えているようだ。

ブラシでスイングのリズムを刻もうとするが、筋力が衰えて、四分間のこの曲を叩き切ることはできなかった。

本人も、悔しがっていた。

「大丈夫、大丈夫。毎日やったら筋力戻るから。明日もやろう！」と、毎日二〜三回曲を合わせた。


散歩にも、毎日連れ出した。

よく訪れたのは、辯天宗だった。

行く途中に美味しいパン屋さんがあり、そこでお昼ご飯を買って、辯天宗でよく食べた。

ここは、桜の名所としても知られていた。

桜の木には、固いつぼみがいくつも付いていた。

それを見ては、夫が作ったみずかみかずよ作詩の児童合唱曲、「つぼみ」を思い出し、「たったひとーつのー、ねがいをこーめてー、はだかのーさくらはー、たえてーきたー…」と、夫と二人で歌った。

買い物にも、必ず二人で出かけた。

夫は徘徊するどころか、もはや私無しでは、外に出るのも怖がった。常に一緒にいてくれないと不安で寂しくて仕方がない、といった感じだった。

外出して気になったのは、スーパーなどに入っても、商品に全く興味を示さなくなっていたことだった。

「ちょっと、ここで待っててね」と言うと、どこを見るでもなく、ただただその場にじっと立ちすくんでいた。

普通なら、待っている間、目の前にある商品を眺めたりするものだが、そういうことは全くしなかった。

「何か食べたいものはある？」と聞いても、「ない」と言うばかりだった。


大好きだった図書館に連れて行っても、そうだった。

興味のありそうな本の前に連れて行っても、何も興味を示さなくなっていた。


それでも、音楽となると、事情は変わった。

ある日、バリトン歌手の萩原寛明さんと、ピアニストの中村友美さんが、夫がコロナ禍のステイホーム期間に作った「母の歌」と「パリの歌」を、スタジオで演奏して録音してくださることになった。

「母の歌」は、夫が三歳の時に亡くなった実母が生前書いた俳句を歌曲にした作品で、「パリの歌」は、夫が八十～九十年代に岡山のノートルダム清心女子大学オーケストラクラブで打楽器指導とティンパニー演奏をしていた頃、同クラブに在籍していた吉原文音さんが書いた俳句を歌曲にしたものだった。

リハーサルの最中、萩原さんや中村さんから時折出る、「この部分は、どう演奏したら良いですか?」などという質問に対して、夫は実に的確に答えていた。

認知症であることを、忘れてしまうほどだった。


時には、ちょっと遠くまで夫を連れ出した。

紅葉の時期には、山崎や京都などを訪れた。

夫が大好きだった佐藤忠良の彫刻も見せたくて、滋賀の佐川美術館にも連れて行った。

「今日は、佐川美術館に行こう!」と誘った時は、「どこだったかなあ?」と忘れてしまっていたようだったが、三朝温泉の時と同様に、美術館の入り口を抜けた先に広がる、静けさの漂う人工池と佐藤忠良の彫刻のある風景を見るやいなや、「ああ、思い出した!」と感嘆の声を上げた。


夜が近づくと、以前のように、夫が作った「夢の島　愛の街　ヴェネツィア」を、私がピアノ伴奏して一緒に歌った。

そして、私が夕食を作る二十分程の間、夫はピアノで全調の音階を両手でさらった。

音階練習は、運指で引っかかることはあっても、音を忘れたことは一度もなかったばかりか、最後は必ず自分で考えたおしゃれなカデンツを弾いて締めくくった。

工夫を凝らしたカデンツに、さすが作曲家だなあと、毎回感心させられるばかりだった。

夜は、一緒にお風呂に入った。

私が服を着たまま入浴介助をするより、一緒に入ってしまった方が手っ取り早かった。

古いマンションの浴槽は狭かったが、夫は毎晩、「気持ち良い」とニコニコ湯船につかっていた。

温かい湯船の中で、夫はいつも、「俺には二つ、永久保存になったものがある。広島の原爆資料館に保管されているバリトンとピアノの為の「八月には黒い羽根を」の楽譜と、国家の永久保存になった、ピウスツキの樺太アイヌの蝋管レコードの採譜楽譜だ」と語った。

夫の作品も、偉業も、世の中から全く評価されていなかった。

夫がどこの音大とも関係がなかったから、余計にそうなのだろう。

しかし、毎晩毎晩湯船の中で繰り返される夫の言葉から、「自分には、永久保存になったものが二つもある」ということが、夫にとって大きな心の支えになっていたことが伺えた。


そして、体を洗う時には、なぜかいつも「今日は、頭は洗わなくてもいいよな?」と、洗髪を面倒くさがった。

「ダメ！　これしか髪がないんだから、すぐに終わるでしょ?」と、強引にシャンプーを頭に付け、みずかみかずよ作詩の夫の児童合唱曲、「まるぼうず」を歌いながら、「かおとおなじに、つるつるやるのよ、なーんだ、かおのつづきなんだな、あたまって!」と、無理矢理夫の頭を洗った。

その様子に、夫は毎晩おかしそうに笑った。


そして、一緒に布団に入った。

布団に入るや否や、夫はいつもすぐに眠りについた。

夫の体に抱きつくと、ぽかぽか暖かかった。

ああ、生きてる！

もうそれだけで幸せだった。

良かった、このままずっと生きてててね、いずれ何もかも分からなくなってしまうけど、それでもいい、絶対死なないでね。

夫のぬくもりを感じながら、いつしか睡眠薬を飲まなくても入眠し、六〜七時間目が覚めずにぐっすり寝られるようになっていた。

八ヶ月も続いたあれほど深刻だった睡眠障害は、ようやく治った。

# 不安

順調に始まったかに見えた夫との新しい生活だったが、ちょっと心配なことも出てきた。

施設にいた頃から気になっていた夫の瞼の腫れが、益々酷くなった。

顔全体がなんとなくむくんで、表情が常にぼーっとしているようにも見えた。

そして食事の時、むせることが増えた。

「アーユルヴェーダでも、食事は瞑想っていうよ。他のこと考えないで、食べることに集中してね」と、注意していた。

また、夫の血圧が、上は一四〇を超えていた。

夫は「健康オタク」と言えるほど、健康には気を使っていたこともあり、夫の血圧はいつも上が一〇〇〜一一〇程度で、高血圧とは無縁だった。

精神病院に入院をして以来、アルツハイマー型認知症の進行を遅らせる「メマンチン塩酸塩（メマリー）」だけでなく、精神科の薬を毎日服用し続けていた。

アルツハイマー型認知症を発症したとはいえ、体自体は基礎疾患も異常数値も全くなく健康そのものだっただけに、これは精神科の薬の副作用なのではないかと疑った。

茨木の自宅に帰ってからも、引き続きB市のB精神病院に通院し続けていたのだが、そのことをB先生に尋ねた。

すると、「血圧が高くなったことについては良く分からないが、処方されている薬は精神を落ち着かせるものなので、どうしても体全体が緩んでしまうため、瞼が垂れ下がってきたり、飲み込みが悪くなることは考えられる。だが、薬をやめてしまうと、以前のように手が付けられない状態になってしまうので、そのリスクを考えたら薬はやめない方が良い。とはいえ、これ以上体に異常が出るのも心配なので、妥協案として、クエチアピン錠（アメル）は頓服薬としましょう。毎日服用せず不穏時だけ飲むことにしましょう」ということになった。

脳細胞がどんどん死んでいってしまうことについては、もう仕方がない。

しかし、あれだけ健康だったのだ、体だけは以前の状態に近づいて欲しい。

できることなら、アルツハイマー型認知症の進行を遅らせるメマリー以外の精神科の薬の服用は、極力減らしたかった。

早速、その日から、クエチアピンの服用をやめさせた。

しかし、クエチアピンの服用をやめて丁度一週間後、事態が変わった。

朝起きると、夫の顔つきがいつもと違っていた。

きつい目つきで、顔全体が高揚して赤くなり、明らかに怒っていた。

「俺が家に戻ってきてから、君は俺に財布も家の鍵も渡さない！　俺の財布と家の鍵を、俺によこせ！」

「修さん、施設にいた時、B先生と三つの約束をしたでしょう？　一つ、お金の管理は全て私に任せること、二つ、何か変なことがあったら警察に行かずに、まずはB先生に話を聞いてもらうこと、三つ、薬は絶対飲むこと。この三つを守れるって約束したから、家に帰っても良いと言う許可が下りたんだよ」

「そんな約束なんかしていない！　早くここに出せ！」

加古川のコンサート前に買った白い夏用の山高帽（左）と、
お気に入りの紫色のよそ行きの帽子（右）
仕事部屋の本棚には、創作や研究の資料が並ぶ
その中には通帳をしまっていた伊福部昭の書籍「管弦楽法」も

入院前の、狂気の沙汰に戻りそうな勢いだった。

精神科の薬をやめると、以前のように手の付けられない状態になるとB先生は言っていたが、こういうことなのだろうか。

「約束はしたんだよ。じゃあ、今日は日曜日だから、明日一緒に病院に行って、約束したかどうかB先生に確かめよう。さあ、朝だし、白湯飲もうか」

気をそらすために、毎朝飲んでいる白湯を出した。

その白湯の中に、夫に気付かれないよう、病院から不穏時にと出されていた頓服薬「リスペリドン」を入れ、何とか怒りは沈静した。

そして、一旦服用をやめたクエチアピンも、この日の食後から再開した。

翌日、まだ若干怒りの冷めやまない夫を連れて、B病院を受診した。

診察室に入って、B先生はかなりの時間を割いて、私の意向に寄り添い、証拠としてカルテまで夫に見せながら、じっくり夫を説得してくださった。

「藤井さん、ほら、カルテにも〝お金の管理は、全て妻に任せる〟と約束したと書いてあるでしょう？　この日ここに来て、三つの約束はしているんです。今までに何度も通帳がなくなったと銀行に言ったので、その度入出金ができなくなったでしょう？　今度また通帳がなくなったと銀行に言ったら、本当に口座が止められてしまいますよ。そうなったら、弁護士とか赤の他人が藤井さんの口座を管理することになるだけでなく、高額な弁護士費用を支払わなくてはいけなくなりますよ。これからは、お財布も全部奥さんに任せて、きちんと管理してもらいましょう。その方が安心です」

だが夫は、預金が勝手に引き出されてやしないか心配だと言うので、年金が振り込まれた時は、必ず私と一緒に記帳に行って残高を確認する、という条件付きでようやく納得した。

しかし、夫の誤解は、完全には解けていないようだった。

「でも、入院する前、私の通帳を入れておいた伊福部昭の本が、こっちの本棚からあっちの本棚に移動してあったんです。妻がやったとしか、考えられないんです」と、涙を流しながら訴えていた。

診察室を出て、「三つの約束、B先生に確認できて良かったね。これで一件落着！」とだけ言った。

「ねえ、しばらくお寿司食べてなかったから、今日はお寿司屋さんに行ってみようよ」と、帰りは回転寿司に誘って、昼ご飯を楽しんだ。

三つの約束を忘れていたことを、私に責められなかったのでほっとしたのだろう、施設から退去した時のような穏やかな夫に戻り、以来、夫の怒りが再燃することはなかった。

しかし、精神科の薬を極力減らしたいという私の希望は叶わなかった。クエチアピンをやめたら、また以前のような夫に戻る危険があるということが垣間見えた。今まで通り、クエチアピンは毎日服用させることにした。

## リハビリデイサービス

夫が家に帰ってきてから、ちょっと私をイライラさせることがあった。

介護認定を受けていたら、介護サービスが受けられる。要支援一の夫の場合、週一回三時間のリハビリデイサービスが受けられることになっていた。体を鍛えることは夫も好きだったし、筋力のすっかり衰えてしまった夫に、施設から出てきたらすぐにでも、リハビリデイサービスに通わせたかった。

夫が施設にいるうちに、茨木のケアマネジャーにも、地域包括支援センターにも、その旨お願いしていた。

しかし、夫が家に帰ってきた後、ケアマネジャーからも地域包括支援センターからも、一向に連絡がなかった。電話で催促してようやく動き出し、これでようやくリハビリデイサービスに通えるかと思いきや、まず、最初はケアマネジャーと地域包括支援センターのスタッフが、二人揃って我が家に来るのだと言う。

しかし、私たちの在宅中に、二人揃って来られる日時がなかなか見つからない。

土日はお休みなので、次週で調整をかけるが、それでも都合がつかず、また次の週…、と散々待たされた。

このコロナ禍、私としても、あまり家の中に他人を入れたくないのだ。

地域包括支援センターなりケアプランセンターに私たちが直接行って、さっさと手続きを終わらせて、とにかく早くリハビリを始めさせたいところだった。


ようやく二人が家に来て、契約を済ませ、リハビリデイサービスの体験を申し込んだが、いつどこで体験ができるのか、また一向に連絡がなかった。

ケアマネジャーが多忙なのは聞いていた。

仕方がない、これ以上待っていられないと、自分でネットで調べて、近くのリハビリデイサービス二ヶ所に直接体験の予約を入れた。


体験には私もついて行き、そのうちの一つに、夫のリハビリをお願いすることにした。

夫が施設から退去して、既に一ヶ月半も過ぎていた。


イライラしながら待ったリハビリデイサービスだったが、とにかくようやく始まった。

リハビリに行くことは夫本人も望んでおり、当日の朝は、機嫌よくマンションの外に出て、迎えに来てくれた車に乗り込み、お互い手を振って別れた。

私にしてみたら、週に一度、この三時間だけが、夫から離れて一人になれる唯一の時間だった。

銀行やＡＴＭに夫を連れて行ってお金を見せると、また夫がいらぬ妄想を膨らませて、怒る原因になりかねなかった。

この三時間の間に、片付けなくてはいけない入出金やら支払いを済ませるために、銀行やＡＴＭを走り回った。

夫が帰ってくる時間になった。

リハビリを楽しんで帰ってくるかと思いきや、車を降りて私の顔を見るなり、夫は大粒の涙をポロポロ流し始めた。

「どうしたの？　リハビリで、何か嫌な事でもあったの？」

夫はうまく自分の感情を言葉にできない様子だったが、要は、施設を退去して以来この一ヶ月半以上、常にずっと私と過ごしていたので、私と離れ離れになったのが、相当寂しかったようだった。

「週に一回、たった三時間だけじゃない！　リハビリに家族がついてくる人、いないでしょ？　そのうち友達もできて、寂しくなくなると思うよ」


しかし、次のリハビリの時も同じだった。

機嫌良く出かけていくのだが、帰りの車から降りて私の顔を見ると、あの大きな瞳から大粒の涙をポロポロ流した。

年末、リハビリデイサービスのお餅つきのイベントにも参加させたが、大好きなお餅を食べて喜んで帰ってくるかと思いきや、やはり車から降りるとポロポロ泣いた。

「一人で食べたから、つまらなかった。君と一緒に食べたかった」

まるで、小さな子供のようになっていた。

# 年越し

十二月は、音楽のイベントも多かった。

まずは久々に、私のピアノの生徒たちの対面での弾き合い会があった。

夫が自宅に帰ってきてから、丁度一ヶ月。

毎日やらせたスネアドラムの感覚を、夫は完全に取り戻した。

昔のように「ルパン三世'80」を、途中で止まることなく、完璧にスネアドラムで叩き切ることができるようになっていた。

しかも、以前は必ず楽譜を見ながらアンサンブルをしていたものだが、今回はすっかり暗譜ができていた。

夫がドラムでスイングのリズムを8小節叩いたらイントロに入って、どこでフィルインを入れるのか、どこでブレイクするのか、アドリブが終わったらドラムソロを8小節入れてサビに戻って、どこでどう終わるのか、完璧に頭に入っていた。

脳細胞がどんどん死んでいるはずなのに、ただただ不思議だった。

音楽においては、夫はどこまでも天才的だと、ただただ感心するばかりだった。

よし、生徒のピアノの弾き合い会では、講師演奏として、夫と二人で「ルパン三世'80」を演奏しよう。

小さな会とは言え、夫が人前で演奏するのは、コロナ禍が始まって二年以上振りだった。

当日は、見事、完璧に演奏を終えた。

プロだから当然と言えば当然だが、テンポが決してズレることのない、ビートの効いたノリの良い夫のリズムに合わせて演奏するのは、実に爽快だった。

本当に嬉しくて仕方がなかった。

会場に来ていた生徒と生徒の親御さんらには、夫が入院していたことだけは伝えていたが、アルツハイマー型認知症であることは知らせていなかった。

しかし、夫の演奏を聴いて、よもや夫が認知症だったとは、誰も気付いていなかった。

記念にと、この時の演奏をＹｏｕＴｕｂｅにアップしたが、これが夫の生前最後の動画になろうとは、この時は知る由もなかった。

また、クリスマスコンサートがあちこちで開催され、タダでやらせてくださいと頼んだ、夫が編曲した曲も演奏された。

夫の頭の中で出来上がったアレンジがどんな風に仕上がったか、夫も私も演奏会本番を聴くまで分からなかったが、やはりアルツハイマー型認知症となっても、夫のアレンジは見事な出来栄えだった。

今まで通り編曲料をいただいても、全く問題のない仕上がりだった。

夫の四十年来の知人、ハープ奏者の野田千晶さんのサロンコンサートも久々に再開され、夫の作品、岡山県井原市美星町の星空から着想を得て作られた「星の歌」も演奏されると伺い、会場に駆け付けた。

この曲は、もう四十年前に作られ、初演も野田さんがしてくださった。

野田さんも夫も、当時、ある演奏グループに所属しており、夫は野田さんを通してハープを身近に知り、野田さんと知り合ったお陰で、たくさんのハープの作品を書くことができていた。

毎週のように演奏会に出かけた十二月も、いよいよ終わり。

家で年越しそばを食べ、元旦には、スーパーで買った食材を並べただけのような形だけのおせちだったが、お雑煮と一緒にいただいて、お正月気分を味わった。

昨年の年越しのことが、思い出される。

反応のおかしい夫に、訳が分からず、本気で怒って泣いた。

その後の、夫の怒りと徘徊に振り回された狂気の日々。

それに比べたら、何と平和で穏やかな年末年始だろう。


「あけましておめでとうございます」

認知症介護の集まりで知り合ったMさんからラインが来た。

Mさんのお母さんは、夫と同じくらいの年齢で、丁度、夫と同じ時期にアルツハイマー型認知症を発症し、夫と似たような症状を起こしていたので、よく情報交換をしていた。

Mさんのお母さんは、夫ほどには警察にお世話になっていなかったが、一時は手が付けられなくなるほど精神状態が悪化し、入院先を探していたものの、結局どこにも入院させてはもらえなかった。

そうこうしているうち、お母さんの認知症は進み、話すことも、トイレもできなくなったが、却って暴れることはなくなり、平和に年を越せたと言う。

「まさかこんな日が来るとは。お互い良かったね！」とラインで喜び合った。

# 新年

初詣は、よく散歩で訪れる辯天宗に行った。

丁度この頃、ある方から、夫の意識のあるうちに、夫の作品演奏会を開催しましょう、という話が持ち上がっていた。

夫は八十年代に、自身の作品演奏会を二度（一回の開催で、大阪公演と岡山公演を開催したので、公演は計四回）開催していたが、演奏者にお支払いする演奏料などの経費が非常に高額となり、自分の生命保険を解約せざるを得なかったほどで、生活に支障が出るからもう二度と自身の作品演奏会はやらない、と常々言っていた。

実際、入院と施設入居でもう既に結構な額の預金を切り崩しており、これから夫の介護に一体どれだけの費用が必要になるのか見通しのつかない中、作品演奏会を開催するのはどう考えても無理があるように思え、お断りした。

しかし、「ぜひやりましょう！」と何度も押し切られ、二つ返事でしぶしぶ「分かりました」と返事をしたばかりだった。

清々しい気持ちで初詣のお参りを終え、お接待のお茶をいただいている時だった。

「作品演奏会を開催してくれるなんて、有難いな」と、人目もはばからず、夫が泣き出したのだった。

この時、夫の本心を見た思いだった。

作品演奏会を開催すると多額の経費がかかるのは事実だが、本当のところは、やはり夫は自分の作品の演奏会をしたかったのだ。

そうか、だったらいずれ介護に使うことになるだろうと手を付けずにいた預金は、夫の作品演奏会開催に使うことにしよう、もう施設にはお世話にならずに自分で介護するつもりだし、何とかなる、と決心がついた。


お正月休みの最中、ずっと気になっていた京都の大谷本廟にも行ってみた。

浄土真宗本願寺派の墓地で、開祖親鸞聖人の墓所でもある大谷本廟には、夫の三人の両親も分骨されていた。

「両親のいる所で、結婚式をしたい」との夫の希望により、私たちもこの大谷本廟で仏前結婚式を挙げた。

両親が恋しくなると、決まって大谷本廟を訪れていた夫だったが、コロナ禍となってからもう二年以上大谷本廟を訪れてはいなかったのが、私も気がかりだった。

コロナの規制が明けて初めてのお正月、京都は連日物凄い人混みだと報道で聞いてはいたが、思い切って訪ねてみたのだった。


久しぶりの大谷本廟。

入り口には、屋台が出ていた。

そこで、夫の大好きな焼き芋を買って、中に入った。

なかなか来られず、ずっと気になっていたご両親のお参りもようやく済ませ、私も夫もほっとした。

結婚式のことは、まだ覚えていたようだった。

結婚式を挙げた礼拝堂に連れて行ってみると、普段閉まっている礼拝堂の扉が、たまたま開いていた。

「ああ、ここで結婚式を挙げたな。ああ、この親鸞聖人の像の前で写真を撮った」と、感無量の様子だった。

ベンチに腰を下ろし、入り口で買った焼き芋を取り出すと、夫はまた泣き始めた。

「大谷本廟に、また来られるなんて…」

甘い焼き芋を握りしめながら、夫は涙を何度も拭いていた。

実際、人でごった返していた京都は、行きも帰りも大変だったが、二人で大谷本廟にお参りできたことは、本当に良かったと安堵した。

しかし、これが、夫自身が大谷本廟に納骨される前の最後のお参りになろうとは、想像だにしていなかった。

## 暗雲

昨年とは打って変わって、穏やかで晴れやかな気持ちで迎えた新年だったが、正月明けから、雲行きが変わっていくような感覚があった。

専門的な話になるが、インド占星術では、丁度、夫のラーフ期が終わり、木星期に入った。

私たちが結婚したのは、丁度、夫がラーフ期に入った頃だった。

ラーフ期は「カルマの清算の時」と言われ、「ラーフ期に手に入れたものは、ラーフ期が終わると失う」とも言われている。

実際、私は自分のラーフ期に前夫と結婚し、ラーフ期が終わって別れた。

夫がラーフ期の終わりに失うものとは、一体何なのだろう？

しかし、一般に木星期は「幸運期」と言われている。

私自身、木星期に夫と結婚できたのだ。

今まで、夫には辛いことがあり過ぎた。

木星期に入ったら、きっと夫の人生で一番良いことが起こるに違いない。

そう信じたかった。


だが、まずは夫の目が見えなくなってきていた。

楽譜が読み難くなっていることに、夫はイライラした。

眼鏡を新しく替えても駄目だった。

眼科に連れて行くと、白内障が進んでいるという。

アルツハイマー型認知症であっても、作曲も編曲もまだまだできるのだ。

演奏だって以前のようにできるようになったし、音楽に関しては、アルツハイマー型認知症の影響は受けていない。

音楽活動は、このまま続けさせたかった。

「手術をする二十分間、頑張ってじっとしていられる？　そしたら、見えるようになるかも知れないって、眼科の先生が言ってるよ」

夫がどこまで理解できるか分からなかったが、夫を説得にかかった。


また、夫が「死ぬまでに書きたい」と常々言っていたピウスツキの樺太アイヌの蝋管レコードの採譜の論文も、そこから発展させたオラトリオも、構想が行き詰っているのか、それとも集中力がなくなってきているのか、ノートを広げたまま何もせずじっとしていることが多くなった。

何か刺激があったら取り掛かれるかも知れないと思い、万博記念公園の中にある民族学博物館に連れて行ったのだが、民族学博物館の中のレストランで昼食を食べ始めた時のことだった。

食事の度、夫はむせることが益々増えていたが、この時も、食事を口に運ぶと、飲み込めずにテーブル中に「ブッ!」とまき散らし、激しく咳き込んだ。

正直、テーブルの上は汚い状態だ。

正月明けの平日で、広いレストランには、ずっと遠くの席に1グループがいただけで、他に誰もいなかったのは幸いだった。

パーティションを挟んで夫と向かい合わせに座っていたが、夫の隣に椅子を移動させ、一口ずつ慎重に、私が夫の口まで食事を運んで、ゆっくり食べさせた。

口に含んだ食べ物をテーブルに吹き散らかしてしまうようなら、もう一緒に外食するのは無理なのかな…との思いが、頭をよぎった。

これから盛岡に連れて行って、毎日色んな散歩コースを歩いて、まだまだ二人で楽しみたいと思い描いていたのだが、まるで暗雲が垂れ込めてくるような感覚を感じた。

実際、この後、アイヌの展示を見ても、夫は全く興味を示さなかった。


民族学博物館を出て、バス停に向かう帰り道。

いつもなら木々を眺め、季節を感じながら二人でおしゃべりをしていると、この長い道のりも全く苦にはならなかったが、夫の歩くペースもずいぶん遅くなり、バス停に着くまでが本当に長く感じられた。

空を見上げると、実際の空にも雲がどんより垂れ込めていた。

このところ、天気も全くすぐれず、気持ちの良い日がなかった。

まるで、漠然とした不安に覆われていくようだった。

結婚のきっかけとなった、夫との再会場所である民族学博物館のレストラン。

この民族学博物館のレストランでのランチが、夫との最後の外食になった。

## A救急病院

夫によると、痰が絡むのが、むせる原因だと言う。

翌日、朝ご飯の後、夫を近くのクリニックに連れて行き、そのことを相談すると、痰を切る薬を処方された。

クリニックから帰って、家で昼ご飯を食べ始めた時だった。

昨日のランチ同様、夫は口に入れた食べ物を「ブッ！」とテーブル中に吹き散らかすと、激しく咳き込み始めた。

昨日とは違って、咳は一向に止まらず、「吐きたい！」と言う。

洗面器を用意し、背中をさすると、とにかく次から次へと大量の唾液を吐き出した。

呼吸も思うようにできていない。

すぐさま救急車を呼んだ。

救急隊員が来た。

現在かかっている病気を聞かれ、アルツハイマー型認知症であることを伝える。

おくすり手帳も見せながら、以前A精神病院に入院していたことも伝え、そこの内科の先生に診てもらうのが話が早いと思うので、A精神病院に行くことはできないかと尋ねたが、救急車は救急病院にしか搬送できないと言う。

救急車の中で、隊員が搬送先を探す。

「患者は、アルツハイマー型認知症」

夫の目の前で大きな声で言うので、夫がまた精神を病むのでは、と冷や冷やした。

幸い、何も起こらずに済んだが、夫に聞こえないよう配慮して欲しかった。

A救急病院が受け入れOKを出し、そこに向かった。


A救急病院に着くや否や、夫はレントゲン室に運ばれた。

長椅子に座っている私の前を、何人もの看護師がバタバタ行き来する。

私の前を通りざまに、声をかけられた。

「旦那さん、入院ですよ」

まだレントゲンも撮っていないうちから、入院!?

誤嚥性肺炎なのかとの不安が、頭をよぎった。

施設を退去した十一月、誤嚥性肺炎が心配でワクチンを打たせたばかりだったが、効き目がなかったのだろうか。


しばらくすると、夫は救急処置の部屋に運ばれた。

そして、「旦那さん、入院ですよ」と声をかけた看護師が私の元へやってきて、夫について色々聞かれた。

アルツハイマー型認知症を発症したが、きちんとした治療が受けられずに精神状態が悪化、何度も警察にお世話になり、A精神病院に医療保護入院になったことも、隠さず正直に伝えた。

もし、このA救急病院に入院になるのなら、本人が不安に駆られ混乱をきたさないよう、病院にも十分配慮をお願いしたいとの強い希望からだった。


看護師が去った後、夫が運ばれた救急処置の部屋の前に置かれた長椅子に、しばらく腰かけていた。

部屋の中では、夫が看護師に「手を握っていて欲しいから、妻を呼んでくれ」と言ったらしい。

看護師が、「旦那さんが呼んでいますので、中にどうぞ」と私を呼びに来た。

アルツハイマー型認知症を発症する前にも、同じようなことがあった。

ちょっとした検査で点滴をした時のこと、「点滴が終わるまで、手を握っていて欲しいから、妻を呼んでくれ」と、夫が看護師に頼み、点滴が終わるまでの二時間程、ベッドの横に腰かけて夫の手を握っていたことがある。

夫は、三歳の甘えたい盛りに実母を亡くして、母親に十分甘えられなかったからだろうか、寂しがり屋で甘えん坊な一面があった。

「もう、命に別状がある訳でもないのに、手を握っていてくれなんて、おかしいよ。看護師さんに笑われるよ」と笑いながら手を握って、点滴が終わるのを待ったものだった。

看護師に促されて治療室に入ると、夫はパルスオキシメーターを指にはめて酸素マスクを付け、点滴を受けていた。

「こんなことになって、すまんな」

夫は涙を浮かべて言った。

「大丈夫、大丈夫。病院に来たから、もう安心だよ」

夫が寝せられた救急処置用の小さな寝台の横に腰かけ、夫の手を握りながら答えた。

時折、夫は苦しそうに痰を詰まらせると、看護師が痰吸引をした。


しかし、この後、病院の様子が何だか変だった。

いつまで経っても、医師が姿を見せないのだ。

もう既に、時刻は十四時を回っていた。

どうも隣にある診察室では、午後の外来の診察は始まっているようだった。

救急で運ばれてきているのだから、外来の診察をする前に、まずはこっちを診るべきではないのだろうか？

それとも、コロナで外来も混雑しているのだろうか？

「先生がなかなか来なくて、すみません」

看護師が、済まなそうに何度も私に謝る。

とにかく、すぐにこちらに来られない事情があるのだろう。

夫の手を握って励ましながら、じっと待った。


しかしその後も、医師は一向に姿を現さなかった。

この日、私は十七時三十分からピアノのオンラインレッスンの予約が入っていた。

パソコンを立ち上げ、オンラインレッスンを始める準備のことを考えると、いい加減、もうそろそろ一旦家に帰りたかった。

入院なのか、入院する必要がないのか、それだけでも教えて欲しい。

それに、いつまで夫のことを、寝返りもできない、脚も伸ばすことすらできない、こんな窮屈な救急用の寝台に乗せたままにしておくつもりなのだろうか？

相変わらず看護師は済まなそうに私に謝っていたが、正直、私もイライラし始めていた。

そうこうしているうち、「すみません。奥さんは一旦、廊下で待っていてください」と、看護師から告げられた。

指示通り、廊下の長椅子に腰を下ろすと、「ううー、ううー…」と、夫の苦しむ声が漏れてきた。

気が気ではなかった。

中で一体何をしているのだろう？

早く痰を吸引して！

祈るような思いで待った。


ほどなくして、「中へどうぞ」と看護師が呼びに来た。

再び救急治療の部屋に入ると、驚いたことに、夫から酸素マスクも、パルスオキシメーターも外されていた。

これは、どういうことだろう？

夫は相変わらず、時折痰を喉に詰まらせ、苦しんでいた。

私にずっと謝り続けていた看護師が、今までのフレンドリーな様子とは一変、まるで夫に叱咤するかのように言った。

「喉に詰まらせているのは、痰ではありません。唾が飲み込めないのが原因です。詰まったら、ごっくんしてください！」

「本当に、痰ではないのですか？」

念を押して聞いてみたが、唾だと言う。


そして、救急車で搬送されてから四時間後、ようやく医師が私の前に現れた。

廊下で、血液検査の結果の紙を見せられた。

「旦那さん、肺炎ではありません。ほら」

確かに血液検査の数値は、全て正常値だった。

「良かった！　てっきり誤嚥性肺炎かと思っていました。どこも悪くないのですね？」

「唾が飲み込めないのが原因です。これは、内科ではなく、耳鼻咽喉科になります」

医師から言われて、私もようやく安堵した。

やはり、正直、入院させるのは心配があった。

入院となったら、コロナ禍でまた面会禁止。

私と会えなくなったら、夫はきっとまた泣き出すだろう。

それくらいだったらまだ良いが、不安からまた精神混乱を起こすのではないかとの心配もあった。

それに、肺炎を治療するための入院だと言っても、ちゃんと夫が理解できるかどうかも分からなかった。

しかし、ここで、医師はちょっと妙なことを言った。

「入院したかったらしていっても良いですけど、どうします？」

「え？　どこも悪くないんですよね？　じゃあ、帰ります」

どこも悪くないのに、なぜわざわざ入院して帰る必要があるのだろう？

変なことを言うな、と思ったが、医師にこのおかしな質問について突っ込むこと以上に、とにかくどこも悪くなかった、良かったと、嬉しい気持ちの方が数段勝っていた。


窓の外はすっかり日が暮れ、気が付くと、外来患者の姿も、今までいた看護師らの姿もなかった。

結局この日は、予約が入っていたピアノのオンラインレッスンはキャンセルせざるを得なかった。

夜勤当番と思われる看護師に、「点滴が終わったら帰ってください。広いベッドに移りましょう」と、別の部屋に移された。

ようやく、夫は狭い救急用の寝台から広いベッドに移されたが、ベッドしかないこの部屋では、救急処置は全くできないようだった。

やはり、もう痰吸引は必要ないのだな、唾が溜まったらしっかり飲み込ませることが必要なんだな、と感じた。


点滴はなかなか終わらなかった。

別の若い看護師が、部屋に入ってきた。

夫の様子を見たこの看護師は、神妙な顔で「すごく心配です」と私に言った。

気に掛けてくれる人がいるだけで有難かった。

「ご心配いただき、有難うございます」

丁寧にお礼を言った。

ようやく点滴を終え、会計を済ませた。

救急病院代は、七千円を超えていた。

病院を後にした時には、もう時刻は既に二十一時を過ぎていた。

# 深夜

寒い夜道、夫と腕をしっかり組みながら、ゆっくり自宅に向かった。

「どこも悪くなかったんだって。良かったね」

夫も、体が楽になった、お腹が空いたと言う。

「遅くなったから、コンビニでグラタン買って帰ろうか」

帰り道にあったコンビニのグラタンは、夫も私も大好物だった。

温めてもらったほかほかのグラタンを持って、家に着いた。


二十二時を過ぎた頃、自宅で遅い夕食を食べ始めた。

すると、夫がまた口に含んだグラタンを「ブッ!」とテーブルの上にまき散らすと、激しく咳き込んだ。

「飲み込めないのが原因だって言われたよ。看護師さんも、ごっくんしてって言っていたでしょう? 頑張って、飲み込んで」

しかし、飲み込めないどころか、「うううう―」と、今まで聞いたこともない恐ろしい声で唸り始め、床に両手をついて座り込んだまま、動けなくなった。

洗面器を持ってきて、背中をさすっても、吐くこともできなかった。

詰まっているのは、痰ではなく唾だと言われたので、アーユルヴェーダで使われる舌磨きの道具、タングスクレーパーを使って、舌の奥から唾を掻き出そうとしたが、唾はほとんど溜っていなかった。

後は耳鼻咽喉科だと言われても、翌朝まで、このまま苦しませておいて良いのだろうか？

さっき出てきたA救急病院は、二十四時間体制だった。

まずは、A救急病院に電話をした。

「さっき診ていただいた藤井です。夕食を食べさせたら、また呼吸困難を起こしています。おかしいので、もう一度診てください」

「医師に聞いたところ、もうウチでは診るところはないって言ってますから」

診察を断られた。


確かに、「どこも悪くない」と病院で言われて、帰ってきたばかりなのだ。

別の病院に運ばれても、きっと「耳鼻咽喉科に行ってください」ということになるだけなのだろう。

どうしたら良いのか、判断に迷った。

とりあえず、ネットで茨木の夜間診療も急いで探してみたが、市の夜間診療は二十三時三十分までだった。

時刻は丁度、二十三時三十分を回ったところだった。

そこで、＃七一一九に電話をして事情を説明し、どうしたら良いのか相談した。

「救急病院に運ばれて、どこも悪くないと言われたんですよね？」

「はい。でも、呼吸困難で苦しんでいるんです。明日、耳鼻咽喉科に連れて行こうと思いますが、それまでどうしたら良いでしょうか？」

「体位を変えて寝せてみてください」


苦しむ夫の服を脱がせ、パジャマに着替えさせて、言われた通り、横向きの体位に寝せてみた。

今、他に私にできることは何だろうと考え、家にあったホメオパシーの本をめくった。

ホメオパシーとは、二〇〇年以上前にドイツで確立された代替医療で、ヨーロッパでは広く知られている。

私自身はホメオパシーに詳しい訳ではないが、薬物に頼らず自分で対処できる体の不調は自分で対処したい、という考えから、ホメオパシーの基本レメディキットは常備していた。

ホメオパシーの本を見て、呼吸が苦しい時に摂るレメディを探し、それを夫に飲ませた。

すると、レメディが効いたのだろう、ほどなくして夫の呼吸困難は治まり、気持ち良さそうにスースー寝息を立てて眠りについた。

良かった。

まずはこれで一安心だ。

深夜、私も眠りについた。

## B救急病院

翌朝、目を覚ますと、真っ先に夫に聞いた。

いつものように一緒に白湯を飲み、ヨガをし、身支度を整え、朝食を作った。

「今日は、耳鼻咽喉科に行ってみようね」

体調が良くなったのは、何よりだ。

「もう苦しくない。お腹が空いた。朝ご飯が食べたい」

「体調、どう？」


いつもの朝ご飯であるそば粉のパンケーキを、一口食べ始めた時だった。

夫がまた「ブッ！」と口に含んだパンケーキをテーブルにまき散らすと、激しく咳き込み、苦しみ始めた。

やっぱりこれはおかしい。

もう一度病院で診てもらおう。

また「どこも悪くない」と言われるかも知れないのは覚悟の上で、再度、救急車を呼んだ。


救急車の中で、隊員が搬送先を探す。

まず、昨日搬送されたA救急病院に連絡を取るが、断られた。

正直、ほっとした。

A病院で見逃している病気があったのではとの思いもあり、別の病院で診てもらいたかった。


救急車はB救急病院に着いた。

昨日同様、夫はまずレントゲン室に運ばれた。

昨日とは違って、ここの病院では、医師がすぐ現れた。

「昨日も呼吸困難を起して、救急車を呼んでA救急病院で診てもらいました。誤嚥性肺炎かも知れないと心配したのですが、どこも悪くないと言われました」

そう言って、昨日A救急病院の医師から渡された血液検査の結果の紙を見せた。

「昨日は何もなかったかも知れませんが、誤嚥性肺炎です。肺にすっかり影ができています」

愕然とした。

体調は良い、お腹が空いた、と言われるままに食事をさせてしまった。

「治りますか？」

「誤嚥性肺炎自体は、入院して二週間程度で治ります。ただ、認知症の患者は周りに迷惑をかけるので、はっきり言ってウチは迷惑です。それでも、どうしても入院させてくれと言うなら、入院はさせます。でも今は、コロナでスタッフも足りないし、少しでも迷惑をかけたら、即退院してもらいます。それでもいいですね⁉」

紳士的に見えた医師だったが、きつい口調で言い放たれた。

暗に、入院してくれるな、と言われているのも同然だった。

無理にお願いして入院させたところで、こんな病院だったら、一体夫がどんな扱いをされるのか分からない。

そうでなくとも、今は、コロナで面会禁止。

ちらっとでも、病室の様子を伺い知ることもできないのだから、余計に不安に駆られた。

こんな病院は、こちらから願い下げだったが、少々食い下がった。

「家に連れて帰って、私一人で家で看病できるものなのですか？」

すると、医師はちょっと困った顔をして言った。

「往診でも頼めばいいんじゃないですか」

やはり、入院させないと、誤嚥性肺炎の治療は受けられないのだ。

「こちらで、認知症患者を受け入れてくれる病院を、探してもらうことはできないのですか」

「できません」

「分かりました。自分で入院先を探します」


正直、憤りは感じていた。

そして瞬時に、様々な疑問が、頭の中を駆け巡った。

認知症患者は手がかかるのは確かだ。

しかし、救急病院に認知症患者が運ばれてくることは、当然のことながら想定内のことではないのか。

救急病院に入院させるのが難しいのなら、認知症患者受け入れ可能な病院に回すなどの、マニュアルすらできていないのだろうか。

それとも、認知症患者は、苦しんでいてもいずれそのうち何もかも分からなくなって死んでいくだけだから、助けても意味がないから放っておけとでも言うことなのだろうか。

しかし、本来国民は、平等に医療を受けられるはずではないのか。

認知症を発症していても、国民健康保険料、後期高齢者医療保険料は、認知症を発症していない人と同じ額の請求がきて支払っているのだ。

これは医療拒否ではないかと思えるが、認知症患者の場合は、救急車で搬送されても、治療を断るのが世間の常識としてまかり通っているのだろうか。

だとしたら、今まであれだけ認知症介護の集まりに行っていたのに、どうして誰一人、この世間の常識を教えてくれなかったのか。

認知症患者は、救急病院には入院させてもらえないから、救急の時にお願いできる医療機関を、あらかじめ探して準備しておくようにと、どうして一言教えてくれなかったのか。

分かっていたら、最初から救急車なんて呼ばなかった。

よくよく考えたら、コロナで民間の往診のシステムが更に充実してきていることが、テレビでも報道されていたのだ。

まずは、そういう医療機関に頼るべきだった。

救急車も、認知症患者は入院を拒否されるのを分かっていながら、搬送しているのだろうか。

このB救急病院も、認知症患者を治療する気がないのなら、最初から夫の搬送を受け入れなければ良かったのに。

あらかじめ救急隊員から、「アルツハイマー型認知症の患者」が運ばれてくる旨、連絡はあったのだ。

要は、最初から治療する気がなくても、救急患者が搬送されたら、救急病院には医療報酬が入る。

救急病院にとっては、認知症患者は、医療報酬を得る良い鴨ということなのだろうか。

他人の命を、他人のお金を、一体何だと思っているのだろう？

そして、これから日本は高齢化社会になり、認知症患者の数が増えるだろうことは報じられているが、こんな現状のままで良いのだろうか。


夫が目の前で苦しんでいなかったら、これらの疑問を医師にぶつけて、口論になっていただろう。

しかし、夫は誤嚥性肺炎だと分かっても、パルスオキシメーターも酸素マスクも付けてもらえずに、昨日と同じ点滴だけ打たれて、救急処置用の低く狭い寝台の上に、置かれたままなのだ。

医師に言いたいことは、いっぱいあった。

しかし、今、この医師と言い争いをしたところで、何の解決にもならない。

無駄な時間とエネルギーを費やすのは、馬鹿馬鹿しかった。

今、しなくてはいけないことは、まず、夫を助けること。

急いで、夫を入院させてくれる病院を探すことだった。

## 再入院

夫を入院させるのに安心な病院と考えた時、私の頭に二つの病院が浮かんだ。

医療保護入院をしたA精神病院と、現在、外来で通っているB市のB精神病院。

どちらにも、内科の先生がいるはずだ。

事情を説明して頼み込めば、どちらかに入院し治療してもらえるのではないか。

まず、どちらに電話をすべきか。

現在通っているのはB市のB精神病院であるから、まずこちらに電話すべきのように思えた。

しかし、実際入院となったら、何度も病院を行き来することになる。

距離的には近いA精神病院の方が、行き来はし易い。

それに、A精神病院は、スタッフが丁寧に夫に接していたことも承知していたし、夫のことを親身に考えてくれたA先生もいる。

まずは、A精神病院に電話をかけて、事情を説明した。

しばらくして、A精神病院から折り返しの電話が入った。

「入院の準備ができました。すぐ来てください」

B救急病院のスタッフに、A精神病院で入院を受け入れてくれたことを伝える。

点滴はまだまだ残っていたが、もう良いと外された。

「こちらでは救急車は出しませんので、会計が終わったら、自分で行ってください」

また憤りは感じたが、夫の精神状態を乱してもいけない。

黙って昨日とほぼ同額の七千円強を払い、タクシーを呼んだ。

何のために、救急車を呼んだのだろうか？

最初から、自力でA精神病院に連れて行けば良かったのか？

こうしている間にも、夫の肺は菌に蝕まれているのだ。


夫には、混乱を起こさせないよう、何事もなかったかのように優しく説明した。

「あのね、誤嚥性肺炎が見つかったんだって。二週間入院して治療しないといけないんだけど、ここの病院のベッドは空いていないから、今から、前に入院していた病院に行くよ」

「あそこの病院は、もう嫌なんだ。入院するならここが良い。ここには名医がいた。俺はここの病院で、その名医に十二指腸潰瘍を治してもらったんだ」

三十数年前、十二指腸潰瘍をこの病院で治療したことを、夫はまだ覚えていた。

しかし、結婚したばかりの頃、某音楽教室でパワハラを受け、ストレスから体の不調を起こした夫は、このB救急病院で診察を受けた。

そして、パワハラの証拠を取るために診断書を書いて欲しいと病院にお願いしたが、断られたことは忘れていた。

その時の帰り道、夫は私に「もう二度と、B救急病院には来ないことにしよう」と、悲しそうに言った。

それからしばらくは、「救急車でB救急病院に運ばれることになったら、拒否しよう」などと思っていたものだったが、もうあれから十六年が経っており、今回はとにかく早く夫を診て欲しくて、搬送されるがままB救急病院に来てしまったのだった。


タクシーの中で、嫌がる夫をなだめながら、A精神病院に向かった。

夫の手を握って、安心感を与えることだけを考えていた。

「二週間ですぐ治るんだって。少しの辛抱だから。でも、ベッドの上でゴロゴロ寝てばかりだと、またすぐ筋力落ちちゃうから、ベッドの上でもできるヨガはちゃんとやってね」


ある意味、懐かしいA精神病院に到着した。

お世話になったA先生が、すぐ出てきてくださった。

初めてお会いする内科の主治医の先生も、非常に優しく親切な方だった。

誤嚥性肺炎の治療のため入院しなくてはいけないことを、夫もしっかり理解していて、素直に応じていた。

良かった、これで安心だ。

「さあ、ベッドに行きましょう」

スタッフが迎えに来た。

「じゃあ、頑張って行ってらっしゃい！　愛してるよ」

いつも家でやっているように夫をハグしようと、両手を広げた。

いつもなら夫もニコニコ顔で両手を広げていたが、周りに人がいたから恥ずかしかったのだろうか、真面目腐った顔をすると、クルッと踵を返して、一人でスタスタと病室に消えていってしまった。

「あれ?」

傍で見ていたA先生も、拍子抜けしたような声を上げた。

まあ、良い。

二週間後にまた会える。

その時、しっかりハグしよう。


しかし、これが夫との最後の別れとなった。

## 直感

翌日も忙しかった。

入院に必要な物を揃え、A精神病院に持って行って帰ってきただけで、ほぼ一日が潰れた。

ちょっと気になったのは、以前A精神病院に医療保護入院をした時は、どのスタッフも丁寧に対応してくれていたが、今回入院した病棟のスタッフの印象はあまり良くなく、以前のようにきちんと夫に対応してくれるのか、一抹の不安がよぎった。

でも、私の勝手な思い込みかも知れない。

とにかく、なかなか取り難い病院のオンライン面会の予約も取れ、まずは一段落着き、ほっとして眠りについた。

長いこと悩まされていた睡眠障害は、夫が家に戻ってきてからすっかり治っていたが、翌朝、突然未明に目が覚めた。

夫の呼吸困難が起きてから、この三日間、とにかく気が張ってバタバタしていて気が付かなかったが、この時、何かがおかしいと、布団の中で異常な胸騒ぎを覚えた。

全く根拠がないのだが、何かとんでもないことが起きる時など、過去にも何度か、この種の胸騒ぎの経験があった。

とにかく、何かがおかしい。

この激しい胸騒ぎは、一体何だろう？

目をつぶって、静かに呼吸法をしながら、この三日間のことを、冷静に一つ一つ思い出してみる。

そして、「ハッ！」と気が付いた。

騙された！

A救急病院は、夫が運ばれた時点で、誤嚥性肺炎を引き起こしていたことを分かっていながら、認知症患者を入院させたくなくて、「どこも悪くない」と帰したのだ、と悟った。

勿論、それを裏付ける医学的、科学的な根拠は持ち合わせていない。

こんなことになるとは思ってもみなかったので、証拠だって全く取っていない。

仮に、裁判になったところで、何も証明できない。

誰かに訴えたところで、勝手な思い込みだと一蹴されるに決まっている。

しかし、今までの自分の経験から、この異常な胸騒ぎ、そして、この直感は、恐らく本当だろうとの確信があった。

思い起こせば、全てがおかしかった。

そもそも、搬送されてすぐに夫はレントゲン室に運ばれ、看護師に「入院ですよ」と言われたのだ。

あの時点で、夫が誤嚥性肺炎を発病していることは、医師も看護師も、恐らく分かっていたのだろう。

そして、医師が四時間も現れなかったこと、私を一旦処置室から出し、夫からパルスオキシメーターと酸素マスクを外して痰吸引をやめたこと、ようやく現れた医師が、レントゲン画像は見せずに、血液検査の結果だけ持ってきたこと、「入院していっても良いですけど、どうします？」とおかしな質問をされたこと、若い看護師が神妙な顔で「すごく心配です」と言ったこと、帰宅後、再び呼吸困難を起こして電話するも、診察を断られたこと。

全て、つじつまが合った。

昨夜までは、認知症患者は迷惑だと言われたB救急病院に憤りを感じていたが、これはA救急病院の方が悪質だ。

ふと、以前、たまたまネットで見た、医療現場での認知症患者への差別撤廃を呼びかける、ある医者の記事を思い出した。

記事によると、医療現場では、認知症患者のことを「ニンチ」と呼んで蔑むという。

「あいつは、ニンチだ」「ニンチが来た」などと、仲間内で悪意を持ってこそこそ言うことに、疑問を投げかけていた記事だった。

A救急病院でも、夫のことを「ニンチだ、さっさと帰せ」とでも指示が出たのだろうか。看護師らも夫が誤嚥性肺炎だと分かっていて、指示通り痰吸引をやめたどころか、唾が飲み込めないのが原因だからごっくんしろだなんて、よくもそんな酷いことが言えたものだ。

いずれ、夫が更に苦しむことになるであろうことは、医師も看護師も知っていたはずだ。

許せない。

激しい怒りを感じた。

夫は認知症を発症しても、通常の人ができ得ない作曲ができるのだ。

医師になるくらいだから、あなたもよっぽど頭が良かったのでしょうが、夫だって音楽的には普通では有り得ないくらいの天才なのだ、と医師に言ってやりたかった。

人を馬鹿にするにもほどがある！

認知症になったら、もう人間としての価値はなく、どうせ廃人だとでも思われているのだろうか？

人権も何もあったものではない。

人の命を、一体何だと思っているのか？

仏教では、「怒り」は、感情の中で一番良くないものだと言われているのは分かっていた。

今までも、怒りを抑えきれず、後悔したことがあった。

こんなことではいけない、少しでもダライ・ラマ十四世を見習って、怒りはコントロールしなくてはならないと、常々自分に言い聞かせていた。

怒ると、また新たなカルマを背負うことになる。

分かってはいたが、やっぱり私はダライ・ラマ十四世とは違って、ただの凡人だった。

夫の命が粗末に扱われたことに対する怒りを、どうしても抑え切れなかった。

A救急病院は二十四時間体制だ。

まだ日は昇っていなかったが、A救急病院に電話をかけた。

「本当は、誤嚥性肺炎を発症していたのを知っていましたよね？　認知症だから、どこも悪くないと嘘をついて帰したんですよね？　認知症患者を入院させるのが迷惑なら、何できちんと言わないんですか？　言ってもらえたら、こちらだって別の対策を考えます！　認知症であろうと人間です！　人を何だと思っているんですか!?　酷過ぎます！」

今更、何の解決にもならないのは分かっていたが、A救急病院に言いたいことだけは言った。

## 自責とトラウマ

本当に私が馬鹿だった。

何で救急車なんか呼んでしまったのだろう。

海外に住んでいた頃、日本の救急車は海外の多くの国とは違って、無料だということを誇らしく思っていた。しかし、よくよく考えたら、救急車は、受け入れを承諾した救急病院に急病人を搬送するだけに過ぎないのだ。最初から自分で往診を頼むなり、病院を探して連れて行くべきだった。

そして、どの医療機関も、認知症患者に配慮してくれるだろうと思い込んでいたことも馬鹿だった。

まさか、認知症患者は治療を拒否されるとは思いもよらなかったが、よくよく考えたら、はっきり言って認知症患者はどこに行っても迷惑なのだ。

正直、病院だって、来られたら迷惑だということに、どうして思いが及ばなかったのだろう。

ただただ夫に対する罪悪感でいっぱいだった。

一番大切で大好きな人を、助けるどころか、あんなに苦しませてしまった。

時を戻せるのなら戻して、やり直したい。

涙も止まらず、胸が張り裂けそうだった。


そんな中、ある人から連絡が入った。

ある介護者の集まりに、一緒に行こうとの誘いだった。

全く外出する気分にはなれなかったが、何か有益な情報が得られるかも知れないと、重い腰を上げて行ってみた。

その集まりで、救急病院で夫の身に起きたことを、泣きながら話した。

すると、介護経験の長いメンバーらから、「そりゃそうよ。認知症は、病院は迷惑だわ」との声が上がった。

ああ、やっぱり、認知症患者は普通に病院を受診すべきではないということは、周知の事実だったのだ。

自分の浅はかさが、益々悔やまれた。


考えてみたら、そうだった。

夫の異変に気付き、最初に脳神経外科に連れて行った時だって、アルツハイマーと診断されて薬を処方されただけで、それが一体どういう病気なのか、一切説明がなかったのだ。

クリニックだって、はっきり言って認知症は迷惑、最初から関わりたくないのだ。


自宅のマンションの部屋に帰る。

リビングの絨毯の上に立つ。

A救急病院から帰ってきて、コンビニのグラタンを口にした後、夫はここで、座り込んで両手を前についたまま、今まで聞いたこともないような「うーうーうー…」という恐ろしい呻き声を上げて、長い時間苦しんでいたのだ。

あの時の夫の呻き声が、耳から離れなかった。


窓の外からは、頻繁に救急車のサイレンが聞こえてきた。

コロナ禍だったので、救急車の往来も激しかった。

もう聞きたくなかった。

サイレンの音を聞く度に、怒りと自責の念が押し寄せてくる。

「救急車なんか呼んだって、どうせ助けてもらえないのに！」

心の中で、叫んでいた。


気を紛らわそうと、テレビを点ける。

テレビからは、なぜか服薬ゼリーのコマーシャルがしょっちゅう流れた。

「お口に入れて、はい、ごっくん！」

A救急病院の看護師が「喉に詰まらせているのは、痰ではありません。唾が飲み込めないのが原因です。詰まったら、ごっくんしてください！」と言った場面がフラッシュバックし、胸が苦しくなった。

何て恐ろしいことを言ったのだろう。

「ごっくん」と言う言葉、もう二度と聞きたくなかった。

服薬ゼリーのコマーシャルが始まる度、背筋が凍り、テレビを消した。


用事でコンビニに行く。

あの時食べたグラタン。

目に入るだけで、喉や胸が苦しくなってくる。

これを口にして、夫はどれだけ苦しかっただろう。

夫も私も、あんなに大好きだったこのコンビニのグラタンだったが、もう二度と食べられそうになかった。


もう気が狂いそうだった。

すっかり治った睡眠障害だったが、再発した。

## 夫の状態

もうこうなってしまった以上、夫が誤嚥性肺炎を治して、無事に帰ってくるのを祈ることしかできなかった。

万が一ここで夫に死なれたら、救急車を呼んでしまった自分を、一生責め続けて生きていくことになる。

そんな最悪の事態は、何としても避けたかった。

お願い、どうか死なないで！

生きて帰ってきて！

とにかく、祈り続けた。


内科の主治医の先生からは、時折、夫の状態を知らせる電話が入っていた。

「肺炎は、順調に治っていますよ」

心から安堵した。


本当に元気かどうか、夫の声を聞いて確かめたくて、数日に1度は病院に電話をかけて、夫に繋いでもらった。

前回の入院の時とは違い、穏やかに過ごしていたのが救いだった。

戻ってくるまで、後もう少しの辛抱だった。


しかし、入院から十日程が経った頃、内科の主治医の先生から、沈んだ声で電話が入った。

「肺炎は治ってきているのですが、飲み込みができなくて、食事が摂れないんです。ここまで飲み込めないとは、正直、思ってもみなくて…。栄養を直接胃に入れるチューブを鼻から入れるという方法がありますが、奥さんも想像してみたら分かると思うのですが、チューブを入れる時が本当に苦しいんです。苦しい思いをさせてしまいますが、良いですか」

説明を聞く限り、とにかく、今、夫の体に栄養を送り届けるには、これしか選択肢がないように思えた。

夫にまた苦しい思いをさせてしまうのは本当に心が痛んだが、何とか生きていて欲しかった。

アルツハイマー型認知症以外に、全く疾患のなかった健康な夫が、こんなに嚥下ができなくなるなんて…。

慌ててネットで情報を集める。

精神科の薬の副作用が、強く疑われた。

病院では服薬調整もしてくれているのは分かっていたが、改めてA先生に電話をし、精神科の薬をやめさせて欲しいと頼んだ。

そして、嚥下機能改善の講座にも、早速申し込んだ。

また、胃瘻についても、情報を集め始めた。


今日で、夫が鼻からチューブを入れて、二日目になる。

夫は元気でいるのだろうか？

心配でならなかった。

病院に電話をかけ、夫に繋いでもらった。

「修さん、元気？」

「う、う、う、う…」

驚いた。

私の声に反応はするが、言葉になっていなかった。

チューブが邪魔して、言葉を発することができないだけだろうか？

そうであって欲しい。

「ねえ、また編曲の依頼が入っているんだけど、病室でやれる？」

嚥下障害が出てしまった以上、入院は予定の二週間を大幅に超える可能性が出てきた。

以前入院していた時のように、病室で楽譜を書くようになったら、夫も生きる気力を失わないのではないか。

「う、う、う、う、で、き、る」

「良かった。じゃあ、病院に五線紙を持っていくね」

退院の希望を持たせるような話題を、とにかく一方的に話して聞かせた。

明るく電話を切ったが、心は穏やかではなかった。


翌日も、夫のことが心配だった。

しかし、あんなに苦しそうな声を出していた夫を、また電話口に呼んでも良いものかどうかためらわれた。

そうだ、以前のように、夫に絵葉書に手紙を書いて送ろう。

夫が大好きだった奈良のバラの寺、霊山寺のバラの絵葉書に励ましの手紙を書き、最後にはいつものように「愛してるよ」と書き添え、ポストに入れた。


その翌日、また内科の主治医の先生から電話が入った。

快方の知らせであって欲しい。

「誤嚥性肺炎はもうほとんど治っていたんですけど、実はコロナに罹りまして…」

コロナの院内感染があり、夫も高熱を出したと言う。

そして、一旦なくなっていた肺の影も、また現れたと言うではないか。

何で、こんなことに…。

絶句した。

インド占星術で、夫の肺にウイルスが入ることで死に至る、と解釈できるような星の暗示があったので、今までコロナ感染にはかなり気を付けてきたのだったが、まさか病院で感染するとは、思いもよらなかった。病院では、入院前、どの患者にもPCR検査で陰性を確認していたし、スタッフも頻繁に検査を受けているのは知っていた。

家にいてあちこち出かけるより、病院にいる方が安全かと思っていたのに。

それも、よりによって、どうして夫の病棟で…。

夫を入院させて欲しいとA精神病院に電話をしたのは、私だった。

あの時、A精神病院に電話すべきか、B精神病院に電話すべきか迷ったが、B精神病院に入院させるべきだったのか。

そもそも救急車が搬送したA救急病院やB救急病院が、ちゃんと夫を入院させて治療してくれていたら、こんなことにならずに済んだのかも知れない。

自責の念と、救急病院への怒りが再び湧き上がってくるのを感じた。

と同時に、どう立ち向かっても避けられない運命の力の計り知れなさに、ただただ愕然とした。

コロナ。

恐らく、私が罹患したのと同じ、オミクロン株に感染したのだろう。

最初の数日は、高熱、激しい咳と喉の痛みに襲われる。

その後の倦怠感、ブレインフォグも、結構辛かった。

その上、夫は肺もやられているので心配だった。

でも、幸い病院にいる。

私の時とは違って、高齢だし、いざとなったらコロナ治療薬も投薬してもらえるだろう。

何とか持ち堪えて欲しいと、祈るばかりだった。

この日、一月二十四日は、大阪に大寒波が来ると警戒が呼びかけられていた。公共交通機関が運休になり、帰ってこられなくなる危険もあったが、じっとしていられなかった。二日前に、夫と電話で約束した編曲して欲しい曲の楽譜に五線紙と筆記用具、そしてまた絵葉書に手紙を書いて、夕方、A精神病院に向かった。


受付で看護師を呼んでもらう。

初めて会う看護師だったが、向こうから歩いてくる姿を見ただけで、イライラしているのが分かった。

持ってきた五線紙や絵葉書を、夫に渡して欲しいと看護師に渡す。

「オンライン面会の予約を入れているようですけど、コロナになったので十日間は隔離です。キャンセルします」

きつい口調で一方的に話すと、看護師は戻っていってしまった。

この病棟に夫を入院させる時に感じた、この病棟のスタッフから感じた嫌な印象が的中したように思った。

夫が今、どういう状態なのか知りたかった。

コロナでスタッフも疲弊しているだろうが、患者の家族は患者の状態を知る権利はある。

少々喧嘩腰になっても、食い下がって聞くべきだっただろうか。

こんな天候の中、ここまで来たのに。

この中には、夫がいるのに。

会うことは勿論、様子を伺い知ることすらできなかった。

病院を出ると、外はもう既に日が落ちていた。

一面雪が降り積もり、大阪とは思えない景色が広がっていた。

雪が降ると、夜でも明るく、ちょっとロマンチックな気分になり、寒いのになぜか心がほっとする。

地元盛岡にいた頃、雪の夜の帰り道の、この雰囲気が好きだった。

頭の中には、夫が作曲した子供の為のピアノ曲集「音のスケッチブック」の中の「雪が降っているかえり道」のメロディーが流れてきた。

心配と悲しみでいっぱいだった心を、この雪景色が癒してくれた。

雪景色と言えば、夫は冬になったら雪が見たいと、年末年始は飛騨高山で過ごすことが多かった。

飛騨高山では、お気に入りの喫茶店で抹茶のカプチーノを飲みながらゆったり会話を楽しみ、ほの明るい夜の静かな雪道を夫と宿まで帰ったものだったが、その時もこんな気持ちになっていたことを思い出した。

夫とまた行けるだろうか？

いや、絶対また行こう。


心配していた公共交通機関のトラブルもなく、家に着いた。

家に着くなり、パソコンを開いた。

「夫が誤嚥性肺炎で入院中にコロナに罹った。十日間隔離されるので、夫は電話で話すことも、オンライン面会もできない。今の夫にとって、手紙だけが外部と接することができる唯一の手段なので、どうか病院の夫宛に、励ましの手紙を書いて送って欲しい」と、夫の事情を知っているごく親しい人数名にメールを送った。

# 死

一月二十七日、早朝。

突然鳴り響いたスマホの音に起こされた。

A精神病院からの着信。

こんな時間に。

嫌な予感がした。

「ご主人、心肺停止の状態です。すぐ来てください」

まさか。

すぐに蘇生はできないのだろうか。

早朝のチェックの際には、モニターに異常は見られなかったそうだが、六時前、ふと看護師がモニターを見た時には、もう既に夫のモニターは止まっていたと言う。


最悪の事態が起きた。

何が何でも避けたかったのに。

目の前が真っ暗になり、胸が張り裂けんばかりになった。

真っ先に、A救急病院に対する怒りが、私の中で爆発した。

勿論、A救急病院に入院できていたところで、夫が死なずに済んだかどうかは分からない。

誰が医療を施したって、結局夫は助からなかったかも知れない。

しかし、最善の努力をした上で駄目だったら、諦めもつくし、携わってくださった方々に感謝の念も自然と沸き起こってくるもの。

夫の命を粗末に扱ったA救急病院の対応が、どうしても許せなかった。

ここでまた怒ったら、更に新たなカルマを生むことになるのは分かっている。

ダライ・ラマ十四世のことが、また頭をよぎった。

病院に文句を言ったところで、世間からは、どうせただの迷惑なモンスター・カスタマーとして扱われるだけだ。

分かっていたが、もうどうしようもできなかった。

やっぱり、私は人間のできていないどうしようもない凡人でしかなかった。

半狂乱になって布団から飛び起きると、再びA救急病院に電話し、泣きながら大声で叫んだ。

「この人殺しー！」

涙が止まらないまま、公共交通機関でA精神病院に向かった。

早朝の静まり返った病院の入り口の扉の鍵を開けてもらい、まだ誰もいない病院の中を、独り、夫のいる病棟に向かった。

まさか、こんな風にここに来ることになるなんて…。

早く夫の元へ行かなくては。

でも、この冷たく長い廊下の先にいるのは、夫ではなく夫の亡骸なのだ。

次から次へと襲ってくる感情の波に呑まれ、嗚咽が止まらず、脚がなかなか前に進まない。

異常に長く感じられた病棟までの道のりだったが、ようやく病棟にたどり着いた。

夫が入院していた病棟は、全てレッドゾーンとなり、コロナ病棟と化していた。

防護服に着替え、看護師と共に、夫の病室に入る。

一番奥のベッドのカーテンを開けると、血を滲ませながら鼻からチューブを入れ、何とも苦しそうな顔の夫が横たわっていた。

まだ切られていない酸素の音だけが、空虚に流れていた。

「修さん！　苦しかったね。本当にごめんなさい！　私が悪かった。本当にごめんなさい！」

コロナなので、あまり体には触らないようにと看護師から言われてはいたが、両手で夫の顔を包み込むと、フェイスシールド越しに頬ずりした。

どれだけ苦しんで汗をかいたのだろう、髪の毛は、頭皮の脂で全て逆立っていた。

そして、どれだけ苦しくて、辛くて、寂しくて泣いたのだろう、目頭にも、目尻にも、目やにのような涙の固まった跡が、びっしり残っていた。

目尻の涙の跡は、目やにの筋となって、何本も固まっていた。

もう、見ていられなかった。

「苦しかったね。本当にごめんなさい」

何度も謝りながら、ビニール手袋をはめた手指を使って、まずは夫の髪の毛を手櫛で整え、目の周りの涙の跡も取り払った。

少しは、いつもの夫に戻ったかのように見えた。

まるで、声をかけたら、起きてくれそうにすら思えた。

ふと、夫の手を握ってみたくなって、毛布の中に手を入れた。

しかし、そこには、男性にしては小さいが肉厚で柔らかいあの夫の手の感触はなかった。

パルスオキシメーターをはめるためだったのだろうか、人差し指だけ突き出し、残りの四本指で拳を作って握られた手は、死後硬直により、まるで金属のように冷たく固くなってしまっていて、指を開いてあげることはできなかった。

起きてくれそうに見えたが、夫はやっぱり死んだのだ。

もう片方の手も、毛布をめくって確認したが、すっかり同じだった。

すかさず、毛布をめくって足も見る。

両足の指先が、ピンと伸びた状態だった。

具合が悪くて寝ているだけだったら、手を握って、足先に力を入れているはずがない。

よっぽど苦しくて、ずっと力を入れていたのだろうか？

そして、苦しみに耐えきれず、力尽きて逝ってしまったのか。

あんなに寂しがり屋で甘えん坊なところもあった夫。

点滴ごときでも、私に手を握っていてくれと言うくらいだったのだ。

痛みと戦っていた間、きっと、私に手を握っていて欲しかったに違いない。

コロナで隔離されてから三日間。

独り苦しみに耐えながら、どれだけ心細く、寂しく、悲しかったことか。

誰にも看取られぬまま、きっと絶望の中で、この世を去っていったのだろう。

常々、「一二〇歳まで生きる！　死ぬまで生きる！」と、周りを笑わせながら口癖のように言っていた夫。

夫の望む通り、健康で長生きし、人生でやり遂げたいことをやり遂げ、悔いのない人生を送った末に、「後は任せてね。また来世も一緒になろうね」と、今までの感謝と共に、明るく見送ってあげようと思っていたのに。

病室から出ると、看護師が「持って帰ってください」とナースステーションから何やら持ってきた。

夫がコロナになってから私が書いた夫宛の絵葉書三枚と、夫の事情を知る数名の知人らが送ってくれた未開封の速達の手紙三通だった。

病院は、夫に手紙を渡してくれてはいなかった。

夫を心から心配していた人たちからのメッセージは、一言も夫の元に届いてはいなかった。

夫は独りじゃない、帰りを待っている人たちがいるということも知らないまま、夫はこの世を去ったのだった。

夫の病室にあった私物は、ビニール袋に入れられ、ガムテープでしっかり封がされた状態で返された。

コロナのウイルスが付着しているので、十日後に開けるようにと言われた。

後日開けてみると、何も書かれていないままの編曲用の五線紙や筆記用具、眼鏡などが出てきた。

その眼鏡は、一体何日拭いてもらえていなかったのだろうと驚くほど、レンズは脂にまみれて曇りきっていた。

これでは、楽譜を書くどころか、トイレに行く時も、何も見えていなかったのではなかろうか。

ただただ悲しく、切なかった。

精神病院で書き始め、完成できずに終わった「やまとうた」第4楽章の楽譜、作品のスケッチ、妻が最後に書いたが届かなかった奈良霊山寺のバラの絵葉書

八時過ぎ、病院ではようやく医師による死亡確認が行われた。

夫の主治医の内科の先生は、この日たまたま出勤の予定がなく、死亡確認は別の医師によって行われた。

医師から渡された死亡診断書に書かれていた死因は、「両側性肺炎」。

医師によると、コロナ自体の症状は重いものではなく、直接の死因ではないと言う。

しかし、正直なところ、私は未だに両側性肺炎とは一体何なのか分からない。

結局、誤嚥性肺炎の診断から十六日目、コロナ感染から三日目の死去だった。


その後、病院から、葬儀屋に連絡するよう促された。

しかし、地元でもない茨木、一体どこにどんな葬儀屋があるのかもさっぱり分からない。

ただ、市民は市の斎場が使えることは、広報や市役所の案内で知っていた。

朝起きてから何も口にしておらず、泣き疲れてくたくたになっていたが、その足で市役所に向かった。


市役所の葬儀の窓口で、事情を説明する。

「病院から死亡診断書は、書いてもらいましたか」

さっき医師からもらった、A４のファイルに入った死亡診断書を渡した。

気が付かなかったが、それは広げるとA３の用紙になっており、用紙の右半分が死亡診断書、そして左側の一番上には「死亡届」と書かれていた。

初めて見る死亡届の用紙。

婚姻届などと同じ様式の用紙になっていた。

婚姻届や離婚届の用紙は、それぞれカラー一色でまとめられていたが、死亡届は黒でまとめられていた。黒色で書かれた「死亡届」の文字はいかにも重く冷たく、太く縁どられた黒い線は、葬式で使用される黒白の幕を連想させ、胸が苦しくなった。

「ここに亡くなった人の名前を書いてください」

事務的に言われる。

頑張ってペンを握って、何とか「藤井」まで書いた。

しかし、どうしても「修」の字が書けなかった。

今、死んだばかりなのだ。

まだ夫が亡くなったことをきちんと受け入れられていない時に、「死亡届」に夫の名前を書くことが、どうしてもできなかった。

「書けない！」

震える手に握られたペンを離すと、窓口で号泣した。

一体、どのくらいの間、窓口で泣いていたのか、自分でも覚えていない。

せめて「お悔やみ申し上げます」くらいの社交辞令でも言ってもらえていたなら、まだ心が保てていたかも知れない。

## 葬儀

結局、葬儀は、ある葬儀会社に頼んで、近親者のみだけで集まっての家族葬という形を取った。

普通に亡くなったのだったら、大勢の人たちと一緒に夫を偲んで見送ってあげたかった。

しかし、夫がアルツハイマー型認知症になったことも、まだ公表していないのだ。

夫は物凄く著名と言う訳ではないながらも、音楽に携わっている業界の中では、ある程度名前は知られている。

亡くなったことを知らせたら、亡くなった理由やいきさつを聞かれるに決まっている。

一体、何と答えたら良いのだろうか？

夫の身に何が起こったか、この一連のことを、何も知らなかった人たちに、どう説明すれば良いのだろうか？

心の整理が、何一つできていなかった。

アルツハイマー型認知症を発症してからのこの一年余りに、夫の身に起こった出来事が、余りにも滅茶苦茶過ぎた。

死亡診断書に書かれた死因は「両側性肺炎」だが、本当のところ、夫は一体何が原因で亡くなったのか、さっぱり分からない。

A救急病院やB救急病院が、すぐ入院させ治療を開始してくれていたら、ここまで誤嚥性肺炎が酷くならなかったかも知れないし、コロナに罹患することもなかったかも知れない。

しかし、そもそも精神科の薬を服用していなかったら、ここまで嚥下障害を起こすことはなかったかも知れないし、誤嚥性肺炎を引き起こすこともなかったかも知れない。

精神科の薬を投与せざるを得なくなったのは、アルツハイマー型認知症の「行動・心理症状」（BPSD）が、手に負えないくらい酷くなり過ぎたからだった。

最初に受診した脳神経外科が、アルツハイマー型認知症がどんな病気かきちんと説明してくれていたら、そして、その後に受診した心療内科とかかりつけ医が適切な対応をしてくれていたら、「行動・心理症状」がここまで悪化しなかったかも知れない。

夫をこんなに苦しめて死に追いやってしまった罪悪感、医療機関に対する怒りと後悔で、心の中はかき乱されていた。

普通に葬儀をしたところで、お集まりいただいた方々に、喪主として冷静に話せるような精神状態には到底なかった。

せめて夫にはちゃんと成仏できるようきちんとお経をあげてもらって、今はただ夫に謝って静かに見送りたい、それが精一杯だった。

納骨は、京都の大谷本廟と決めていた。

ここには、「明著堂」といって親鸞聖人の墓所のお傍に納骨される、いわゆる共同墓地がある。

子孫のいない私たちには、ここに入れてもらうのが良いだろうと、夫と以前から話していた。

後日、A精神病院で夫の主治医だった内科の先生から、改めて電話が入った。

コロナに罹患していたとはいえ、夫の死は先生にとっても全くの予想外だったと言う。

「ご主人は、亡くなる時、苦しんではいなかったでしょう」

先生からのこの言葉が、せめてもの救いだった。

早朝のチェックの際に何も異常が認められなかったことから、恐らく一瞬唾を詰まらせ、そのまま逝ってしまったのだろうとのことだった。

この一年余り、散々苦しんだのだ。

せめて、そうであって欲しかった。

魂が肉体から離れる時、物凄いエネルギーが要ると聞いたことがある。

夫のあの固く握られた手、ピンと伸ばしたつま先は、肉体から出て行く時に力を振り絞ったからだと、信じたかった。


葬儀でお坊さんがお経をあげている間中、ひたすら夫が成仏できるようにと祈り、夫に謝り続けた。

しかし、夫に謝っても謝りきれない。

「来世もまた夫と一緒になりたい」と思っていたが、あんなに夫を苦しめてしまって、来世どころかあの世でも、もう夫に合わす顔がない。

学生の頃、私が夫を慕っていたのと同じように、夫に憧れていた女性たちが他にもいたことは知っていた。

その女性たちにとっても大事な存在だった夫を、守るどころかこんな風に死なせてしまい、申し訳が立たなかった。

私でなく、別の女性と一緒になっていたら、夫はこんな目には遭わなかったかも知れない。

涙が次から次へと溢れて、止まらなかった。

起きて欲しくなかった最悪の事態。

夫を苦しませた医療機関に対する怒りはあったが、結局のところ、全て私のカルマなのだ。

過去世で何があったかは分からない。

しかし、過去に私が何かしたのであろう、そのことが今、自分に返ってきたのだ。

カルマを解消するには、困難を乗り越えるしかない。

この苦しい現実を、受け入れるしかないのだ。

最愛の夫を苦しめ、死に追いやってしまった罪悪感を抱えて、辛くても耐えて生きていくしかないのだと、お経を聞きながら自分に言い聞かせていた。

インド占星術では、夫は丁度、ラーフ期が終わり、木星期に入ったところだった。

一般には幸運期とされる木星期だったが、夫の場合、木星が六室と八室と十二室に絡んでいた。

ラーフ期に始まった夫の結婚生活は、教則本の通り、ラーフ期が終わると同時に失われた。

私自身も、人生の困難期でありカルマ清算の時といわれる「サディサティ」の最中であるだけでなく、不運、不幸、試練の時と言われる土星期でもあった。

どうあがいても、運命には逆らえないのだと痛感した。

納棺の時が来た。

棺の中には、前の晩に書いた夫への謝罪と今までの感謝の言葉を綴った私からの最後の手紙、これからも作曲ができるようにと願って五線紙と4Bの鉛筆、また演奏して欲しいと願ってドラムのスティック、そして夫がとても気に入って大切にしていたものの、徘徊の時に引っ張り合いとなり、すっかりボロボロになってしまったアンマの鞄を入れた。

コロナなので遺体に触らないようにと言われていたが、別れる前にどうしても夫に触れたかった。

棺が閉じられる時、思わず腕を伸ばしてグータッチで夫の頬に触

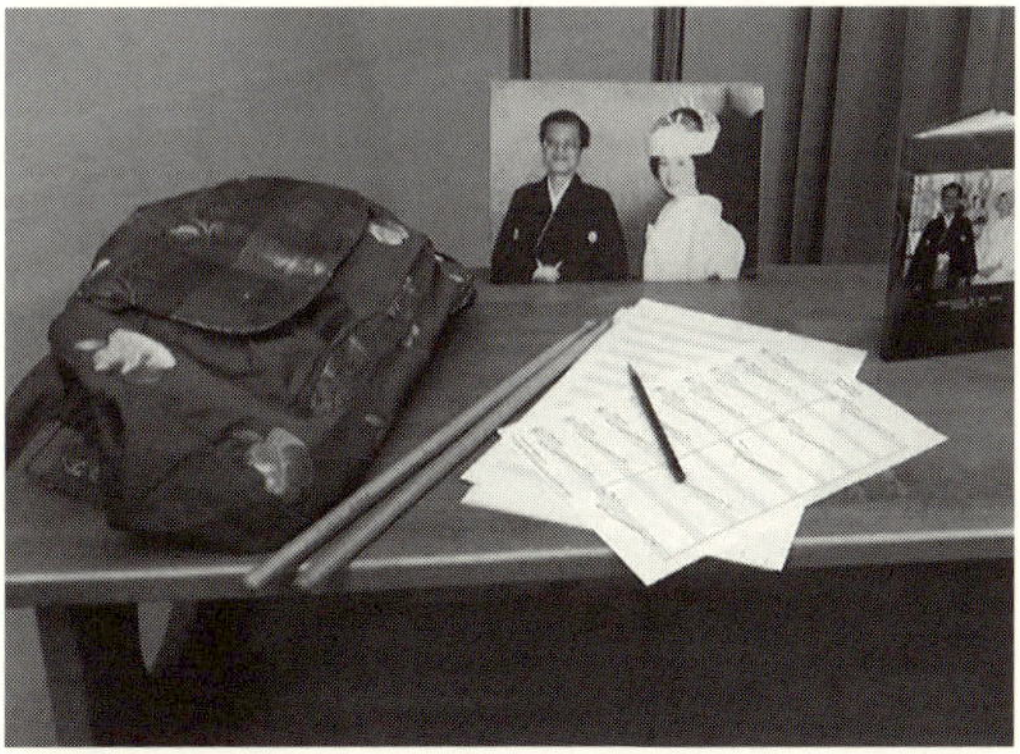

左より、棺に入れたアンマの鞄、ドラムのスティック、五線紙と鉛筆
後ろには、結婚式の写真

れた。

氷のように冷たく固い感触だけが、指の関節に走った。


二〇二三年一月二十七日、作曲家で打楽器奏者指導者である夫、藤井修は七十六歳の生涯を閉じた。

二〇二二年一月にアルツハイマー型認知症を発症するまで、基礎疾患もなく健康そのものだったが、平均寿命すら全うできなかった。

二〇二二年五月～八月、A精神病院に医療保護入院の際、病棟で書き始めたソプラノとバリトンの為の組曲「やまとうた」全四曲のうち、最後の四楽章が未完成のまま絶筆となった。

二〇二二年の年末に書き上げた吹奏楽の為のクリンギット族の伝説より「鳥たちの神話」(小編成版)が、夫の最後の編曲となった。

夫が「死ぬまでに成し遂げたい」と語っていたピウスツキの樺太アイヌ蝋管レコード採譜についての論文、及びそこから発展させたアイヌ音楽を取り入れたオラトリオの作曲は、結局成し得ることができずに終わった。

## 最後に

葬儀が終わり、現実に目を移すと、やらなくてはならない事柄が山積みだった。

まずは、夫が亡くなってもう通えなくなったことを、デイサービスにメールで連絡した。

しかし、何の返信もなかった。

ケアプランセンターにも、夫が亡くなったことをケアマネジャーに伝えて欲しいと電話をしたが、ケアマネジャーから折り返しの電話はなかった。

地域包括支援センターを訪れ、夫が亡くなったことをスタッフに伝えると、「えっ!?」と驚いていたが、市役所の窓口同様、お悔やみの言葉もなく、「所長に言っときますわ」で終わった。

これらの反応、一体どう解釈したら良いのか分からなかった。

人の死なんて、所詮、こんな程度の扱いなのだろうか。

それとも、やはり認知症だったからなのだろうか。


人と口を利くのも嫌になっていた。

独り泣き明かす日々。

心の乱れは、なかなか収まらなかった。

この激しく波立つ心を何とか鎮めようと、毎朝起きるとまず瞑想をした。

しかし、瞑想の最中も、涙がどんどん流れてくる。

お釈迦様は、「生きることは苦だ」と言われた。

人生とはこういうものなのだ、辛いものなのだと自分に言い聞かせ、心の平安を何とか取り戻そうとしていた。


この悲しみ、罪悪感、怒り。

何とかしたくて、助けを求めるべくグリーフケアにも何度か足を運んだが、却ってしんどくなるだけだった。

話を聞いてもらっている最中は、確かに一瞬すっきりしたように感じるのだが、泣くことは心の浄化になる一方、物凄いエネルギーを消耗する。

帰ってくると、あまりに泣き疲れて、寝込んでしまうような有様だった。

初七日、二七日、三七日…と、四十九日まで毎週大谷本廟にお参りに通っているうち、浄土真宗本願寺派の僧侶の方々による「僧侶と語る夜」というイベントが開催されることを知り、参加してみた。

そこで出会った僧侶の宰務清子さんに、しっかり話を受け止めていただいただけでなく、仏教の教えと照らし合わせて、どう解釈し対処していったら良いのかというところまでお話していただき、私にとっては一番のグリーフケアとなった。


しかしながら、毎日毎日涙は止まらず、相変わらず睡眠障害も治らず、体の疲労は限界にきていた。

百箇日が終わった頃、丁度コロナも一旦落ち着いたのを機に、以前夫と治療を受けた、スリランカのアーユルヴェーダ施設に二週間行くことにした。


この施設のチーフドクター、K先生。

K先生と再会した時、思わず先生に抱きついて泣いた。

コロナでなかったらすぐにでもスリランカに飛んで、夫をK先生に診てもらいたいと何度思ったことか。

今まで、何人もの海外のアーユルヴェーダのドクターに会ったが、どのアーユルヴェーダドクターも、皆人格者だった。

勿論、日本でも、A精神病院のA先生や内科の主治医の先生、B精神病院のB先生と、夫の治療に尽力してくださった先生方にも巡り会ったが、もう日本の病院やクリニックにはうんざりしていた。

アーユルヴェーダにおける健康の定義とは、「体と心と魂が健康であること」。

この三つの状態が良くなるようにと、治療が進められる。

診察の時も、K先生は私の体の状態を診るだけではなく、夫に一体何があったのか、時間を取って話をじっくり聞いてくださった。

救急車で運ばれた救急病院での出来事についても話すと、K先生は言った。

「スリランカではあり得ないわ。認知症であっても、人の命は、皆平等に大切よ」

そして、私がこれからどう生きていくべきか、そして、亡くなった夫のためにどうしたら良いかを教えてくれた。

K先生だけでなく、他のドクターたちも、それぞれこれからの私にアドバイスをくださった。

やっぱり来て良かった。

日本では、医師が遺族の心のケアまでするなんてことはあり得ない。

しかし、心が癒されない限り、体の健康を保つことはできない。

死という大きな問題に直面した時こそ、残された者の心のケアがどれだけ重要か、アーユルヴェーダのドクターたちは重々分かってくださっていた。

スリランカのアーユルヴェーダ施設に治療を受けに来ていた患者の中には、ドイツから来た西洋医学の外科医の男性もいた。

ドイツには、誰でも無料で入れるホスピスがあり、そこの医師もしていると言う。

そのドイツ人医師に、ドイツでは認知症の疑いがあったら、まずどこの科を受診するのかと尋ねた。脳神経外科だという。

そして、夫のことを話した。

救急病院で夫に起きた一連のことを話すと、その医師は驚いて言った。

「ドイツでそんなことをしたら、事件だ。翌朝、新聞に載るよ」

ドイツ人医師に、ドイツのホスピスには、認知症であっても入れるのかどうか聞いた。

「勿論、死ぬまでいられる。確かに認知症の患者は難しい。でも、今まで長い人生を歩んできた尊敬に値すべき人たちなんだ。拒否なんかするはずないよ」

改めて、スリランカのアーユルヴェーダドクターにも、スリランカにホスピスがあるのかどうか尋ねた。

そもそもスリランカは、他の国に比べてアルツハイマー型認知症患者は少ないのだそうだが、スリランカにも誰でも無料で入れるホスピスがあり、認知症になっても入ることができるのだと言う。

言われてみれば、ネパールもそうだった。

一度、夫とネパールのアーユルヴェーダ施設でも治療を受けたことがあったが、カトマンズの火葬場であるパシュパティナートという寺院の一角に、ヒンズー教徒なら誰でも無料で入れるホスピスがあった。

他の国々には安心して死を迎えられる場所が整っているのに、なぜ日本には誰でも入れるホスピスがないのか、改めて疑問に思った。

二週間の治療を終えて帰国後、以前から勧められていた、認知症サポーター養成講座を受けに行った。

夫の死を無駄にしたくない、私たちのこの経験が、認知症を取り巻く環境や対応の改善に繋がり、認知症を患っている人、介護をしている人たちの役に立てばとの思いはあった。

最初に見せられたビデオの中に、警察官が認知症サポーター養成講座を受けている場面が映し出された。

夫が毎日のように警察にお世話になっていた頃のことが、思い出された。

認知症への理解があったから、どの警察官も本当に親身になって、夫に優しく接してくれていたのだと改めて感じた。


そして、認知症がどんな病気なのか、説明を受ける。

もう既に知っていたことではあったが、認知症の症状には、「中核症状」と「行動・心理症状」（ＢＰＳＤ）があり、「中核症状」には治療法がなく避けられないが、「行動・心理症状」は適切なケアによって軽減できるので、認知症患者に心理的不安を与えないよう、どういう態度で接したら良いのか様々な場面を想定し、「良くない例」と「良い例」の比較がビデオで紹介された。

ビデオを見ながら、だんだん怒りと悲しみが、また蘇ってきた。

どうしてこれを、医療機関は最初に教えてくれなかったのか？

それに、医療関係者が、認知症患者に対して良くない例の行為をしているのではないか？

それとも、医師や看護師であっても、自分たちは認知症については専門外だから、認知症患者の扱いは知らないとでもいうのだろうか？

警察官が認知症サポーター養成講座を受ける前に、まずは全ての医療関係者が、この講座を受けるべきではないのか？

そして、講座では、認知症を疑った時どうしたら良いのか、という冊子も配られた。

一見、政府による認知症対策が整っているかのように見えたが、中身は滅茶苦茶に思えた。

まず、認知症を早期に発見し治療を始めることで、改善が期待できると書かれてあるが、一体、どこの医療機関で早期発見し、治療をしてくれるというのだろう？

冊子によると、認知症が心配になったら、まずはかかりつけ医に相談しろと言う。

しかし、自分の経験から、かかりつけ医が親身に相談に乗ってくれるとは思えなかった。

かかりつけ医がいない場合は、以下の医療機関で相談してくださいと、医療機関のリストが書かれてある。

しかし、そのリストには、脳神経外科は含まれておらず、内科や心療内科がほとんどで、整形外科なども書かれてあった。

認知症で、整形外科に行く人などいるのだろうか？

それに、認知症の「治療」ができる医療機関、ではなく、「相談」ができる医療機関と書かれてあることにも疑問を感じた。

そもそも認知症を疑ったら、一体何科を受診すれば良いのか、マニュアルもできていなければ、周知もされていないのだ。

認知症介護の集まりでも、必ず出てくるのが、「どこのお医者さんに行ったら良いのか分からない」という訴え。

「お医者さんが、ちゃんと診てくれない。薬を出してくれない。これからどうなるのか教えてくれないから、不安でたまらない。どこのお医者さんに行けばいいのか教えてください」と訴える介護者の、何と多いことか。

相談員は、何とか介護者に寄り添おうと親身に話は聞いてくださるが、どの医療機関に行ったら良いのかまでは分からない。

結局のところ、「認知症カフェがありますから、そこに行ってストレスを発散してください」で終わるのだ。

全く何の解決にもなっていないこの現状に、もううんざりしていた。

恐らく日本各地で、病院難民になっている認知症患者と介護者は物凄い数に上るのではないかと、想像がついた。

日本は高齢化が進み、認知症患者の数も増え、事態は更に深刻になるであろうが、本当に何の対策も取られていないように思えてならなかった。

こうやって、一部の関心を持った市民だけが認知症サポーター養成講座を受講したところで、まずは医療機関がきちんと認知症患者に向き合ってくれない限り、現状は変わらない。

この講座を私が受けて、一体何になるのだ？

もう誰にも夫のような目に遭って欲しくはなかったが、行政と医療機関がこの事態を真剣に受け止め変わらない限り、どうしようもないとしか思えなかった。

認知症患者が、どこに行っても迷惑がられて、放っておかれる現実。

苦しんで死んでいった夫の顔が、目に浮かんだ。

認知症の人たちの助けになることなんて、今の私には無理。

認知症との関わりの世界に足を踏み入れただけで、今までの辛い場面が思い出されて苦しくなるだけでなく、絶望しか感じられない。

耐えられず、講座を途中で退席して外へ出ると、また号泣した。

オレンジのリストバンドなど、認知症サポーター養成講座のグッズや資料は、全部返して帰ってきた。

この後、私にとって、更に辛い出来事が追い打ちをかけた。

夫の生前から、夫の作品演奏会開催の話が出ていたが、夫が亡くなり、追悼演奏会として開催の準備が始まろうとしていた。

私には、ずっと心に引っかかっていたことがあった。

まだ夫がアルツハイマー型認知症を発症したことも、死因も、公表していなかった。

このまま、公表しないでいるのは良くない。

事実でないデマや憶測が広がるのは、絶対に御免だ。

どうすべきか、ずっと考えていた。

あまりにも滅茶苦茶な事があり過ぎたので、正直、夫がアルツハイマー型認知症だったことを公表するのは、勇気とエネルギーが要ることだった。

死亡診断書に書かれた死因は「両側性肺炎」だったし、コロナで亡くなったと言うこともできる。

アルツハイマー型認知症であったことを、隠し通すこともできる。

しかし、一度嘘をついてしまうと、つじつまを合わせるために更なる嘘をついて、嘘がどんどん膨れ上がっていく。

そういうことは、避けたかった。

それに、夫が音楽においては天才的だった証拠に、アルツハイマー型認知症を発症し、「行動・心理症状」が悪化して精神病院に入院しても、病棟で作曲を続けたこの事実を、多くの人に知ってもらいたかった。

追悼演奏会で、夫に何が起こったかきちんと公表しよう。

よくよく考えた上での決断だった。


しかし、周りの反響は全く予想外のものだった。

「アルツハイマー型認知症だったことを公表したら、作曲家としての尊厳が失われるのではないか」

「トラブルには巻き込まれたくないので、アルツハイマー型認知症であったことを公表するなら、もう藤井修とは関わりません」

日本には、認知症に対する偏見が根強くあることを痛感させられた。

そもそも日本では、認知症になることを「ボケる」、認知症予防のことを「ボケ防止」など、「ボケ」という言葉が当たり前のように日常で使われる。

漫才などで笑いを取るためにとぼけることを「ボケ」と言うのとは明らかにニュアンスの違う、蔑みのニュアンスが含まれたこの認知症を指す「ボケ」という言葉が日常的に使われていることに、疑問を持つ人すらほとんどいないのだ。

この恐ろしい病気は、癌などと同じく、いくら気を付けていても、自分も含め、誰にでも発症しうる病であるということが、周知されていないのだろうか。


更には、こんな助言もあった。

「ご主人の身に起きた本当のことを話したら、却ってあなたが名誉棄損で医療機関に訴えられる。医療機関という巨大な組織から訴えられたら、大変なことになる。あなたがこれから穏やかに生きていくことの方が大事。もうご主人のことは、早く忘れなさい」

私のこれからを心配してのことだったとは思うが、もう世間が、日本が、本当に嫌になりそうだった。夫が普通の人だったら、残りの人生、本当に独りでヒマラヤの辺りにでも行って、静かに瞑想でもして暮らしたいところだった。

しかし、夫の一番の願いは、夫の作品が後世に残ること。

そのために尽力するのが、残された私の使命だ。

一人でも多くの人に夫の曲を演奏してもらい、聴いてもらうために、しなくてはいけないことが山ほど残されているのだ。

私自身、ピアノを教えているとはいえ、元々はクラシックピアノの専門でも、プロのピアニストでもないが、夫の曲を知ってもらうために、夫が書いたピアノ曲は死ぬまで演奏し続けていこうと決めていた。

夫自身を、そして夫が全身全霊で書き上げた作品を、まるで存在すらなかったかのように封印して、自分だけ残りの人生を穏やかに過ごすことなんて、できるはずがない。

正直、夫を酷い目に遭わせた医療機関に対しての憤りはある。

しかし、裁判などで争う気なんてさらさらない。

そんなことをしたところで、夫が戻ってくるはずもないし、保身と責任転嫁の言い逃れを聞かされたところで、益々心が傷つくのは目に見えている。

膨大なエネルギーと時間と金銭をそんなことに投じるくらいなら、そのエネルギーと時間を夫のピアノ曲の練習に費やしたい。

私だって、後どのくらい人生が残されているのか分からないのだ。

カルマは、いずれ自分に返ってくる。

誰かが裁かなくても、宇宙の法則があるのだから。


暗礁に乗り上げたかに見えた夫の追悼演奏会だったが、救いの手が差し伸べられた。「僧侶と語る夜」で、親身になって私の話を聞いてくださった僧侶の宰務清子さんのご尽力により、大阪市内にある浄土真宗本願寺派の寺院、「本願寺津村別院」(北御堂)のホールで、夫の一周忌法要と第一回追悼演奏会が開催される運びとなった。


夫の生前、夫と宰務さんが会ったことはなかったが、こんな不思議なご縁があった。

宰務さんは、中学の部活でオーボエを始め、以来オーボエを専攻されていたものの、辛い経験をされ、長いことオーボエからも吹奏楽からも離れていた。

本願寺派布教使となり、ある方からご法座でオーボエを吹くことを勧められたそうだが、現在の管楽器界隈のことが分からず、まずは今、どんな吹奏楽曲が演奏されているのか、聴いてみることにしたと言う。

その時聴いた曲が、たまたま夫の曲だったのだそうだ。

宰務さん曰く、管楽器の魅力が詰め込まれた夫の曲を聴いて、演

33歳で作曲を始め、生涯約130作品を作曲
編曲はさらに多い。仕事部屋の壁一面には、手書き楽譜が並ぶ

奏していた当時のことを思い出し、安心して演奏を再開することができたのだそうだ。

そしてこの会場、「本願寺津村別院」(北御堂)も、夫にとって特別な場所であった。

夫は某音楽教室でパワハラに遭い、全ての講師職を外され、事務所で雑務をさせられていた時期があった。

会社に行くと社員らが無視。

ある時は夫のデスクの上の電話線が切られ、ある時は夫のデスクが撤去されていた。

もうそんな会社はすぐにでも辞めて欲しかったが、結婚して間もない頃だったので、私に経済的な迷惑をかけたくないとの気持ちもあったのだろう。

「大丈夫。その代わり、おにぎりを作ってくれ。事務所の近くに、気持ちの良いお寺があるんだ。そこでおにぎりを食べている時が幸せなんだ」

そう言って、私の作ったおにぎりを持って、毎朝笑顔で出かけていった。

丁度この時、夫はオペラ「千姫」の第二回目の公演を控え、仕事の後、連日オペラの練習に詰めていた。

ある日、夫はオペラの一部分を書き加えなくてはいけなくなった。

手書きの楽譜は出来上がったが、それを私が翌日の練習までに、パソコンで浄書しなくてはならなかった。

徹夜でパソコンに向かったが、朝までに仕上がらなかった。

午前中いっぱいかかって浄書を終え、お昼にデータを保存したフロッピーディスクとおにぎりを持って、大阪市内で夫と待ち合わせた。

「いつも俺がおにぎりを食べているお寺に行って、一緒に食べよう」

夫に連れられて行った場所、それが、この「本願寺津村別院」(北御堂)だった。

夫が辛い時心の拠り所となっていた、この本願寺津村別院（北御堂）で、夫の命日当日、一周忌法要と追悼演奏会の同時開催が決定した時は、感無量だった。

驚いたことに、その時記念に撮った本願寺津村別院（北御堂）の写真には、天から一直線に降りてきたかのような白い不思議な光の筋が、写り込んでいた。

まるで、夫が喜んでくれているかのように感じた。


そして、七月下旬、私は下北半島の恐山にいた。

恐山の夏の大祭では、死者の霊を媒介してくれるイタコさんに会うことができる。

あんなに苦しませて死なせてしまった夫に、イタコさんを通して、直接謝りたかった。

そして、内科の主治医の先生が言う通り、亡くなる時、本当に苦しまなかったのかどうか、夫に聞きたかった。

「修さん、あんなに苦しませてしまって、本当にごめんなさい！　救急車を呼んだ私が馬鹿だった」

「いや、君には苦労をかけた。すまなかった。もう済んでしまったことは、悔やむな」

本当は苦しかっただろうに、人を責めることなく、いつもまずは私を気遣ってくれる温和で優しかった夫が、まるで戻ってきてくれたかのように感じられた。

「死ぬ時、苦しくなかった？」

「苦しくはなかった。ただ、寂しかった。泣いても泣いても、誰も来てくれなかった」

ああ、やっぱり独りで寂しかったのだ。

でも、苦しくはなかったという言葉に、救われた思いだった。

夫と過ごした十六年間。

夫は仕事上の大きなトラブルに巻き込まれることも多く、大変な思いもしたが、夫と二人、本当に楽しく素晴らしい時を送った。

そして、私の人生の糧となる貴重なことの数々を、夫から教わった。

本当に大好きな人と一緒に暮らせたことは、夢のようだった。

私の人生で一番幸せだったあの時間は、本当に短いものだった。

夫と過ごした日々が、夫の存在が、まるで幻だったかのようにも思えるが、夫の書いた楽譜が、今日もピアノを開けるとそこにある。

決して、幻ではない。

夫が作った珠玉の作品の数々は、夫が生きていた証だ。

これらの作品の数々を、そして、アルツハイマー型認知症を発症しても曲を書き続けた作曲家がいたことを、少しでも多くの人に知ってもらうことが夫の供養になると信じて、残りの人生をそのことだけに費やしていきたい。

ご自身の闘病中に、この本の出版をご快諾くださり、
万が一、ご自身に何かあっても滞りなく出版されるようご準備されて、
夫のいる場所へ旅立っていかれた
故　熊谷雅也　㈲イー・ピックス／大船渡印刷前社長 イーハトーヴ書店前店長に、
心より感謝申し上げると共に、ご冥福をお祈りします。

そして、熊谷雅也前社長のご遺志を引き継ぎ、出版にご尽力くださいました
㈲イー・ピックス／大船渡印刷　イーハトーヴ書店
熊谷静香様にも、心より感謝申し上げます。

ごめんなさい、修さん。

2024年8月26日　発行

著　者　藤井知子

制　作　イーハトーヴ書店
代表者　熊谷雅也
発売元　イー・ピックス
022-0002
岩手県大船渡市大船渡町字山馬越44-1
TEL　0192-26-3334
E-mail　contact@epix.co.jp
URL　https://epix.co.jp

装幀　MalpuDesign（清水良洋）
本文デザイン　MalpuDesign（佐野佳子）
印刷所　㈱平河工業社


ISBN978-4-901602-83-9

Ihatov-BookStore